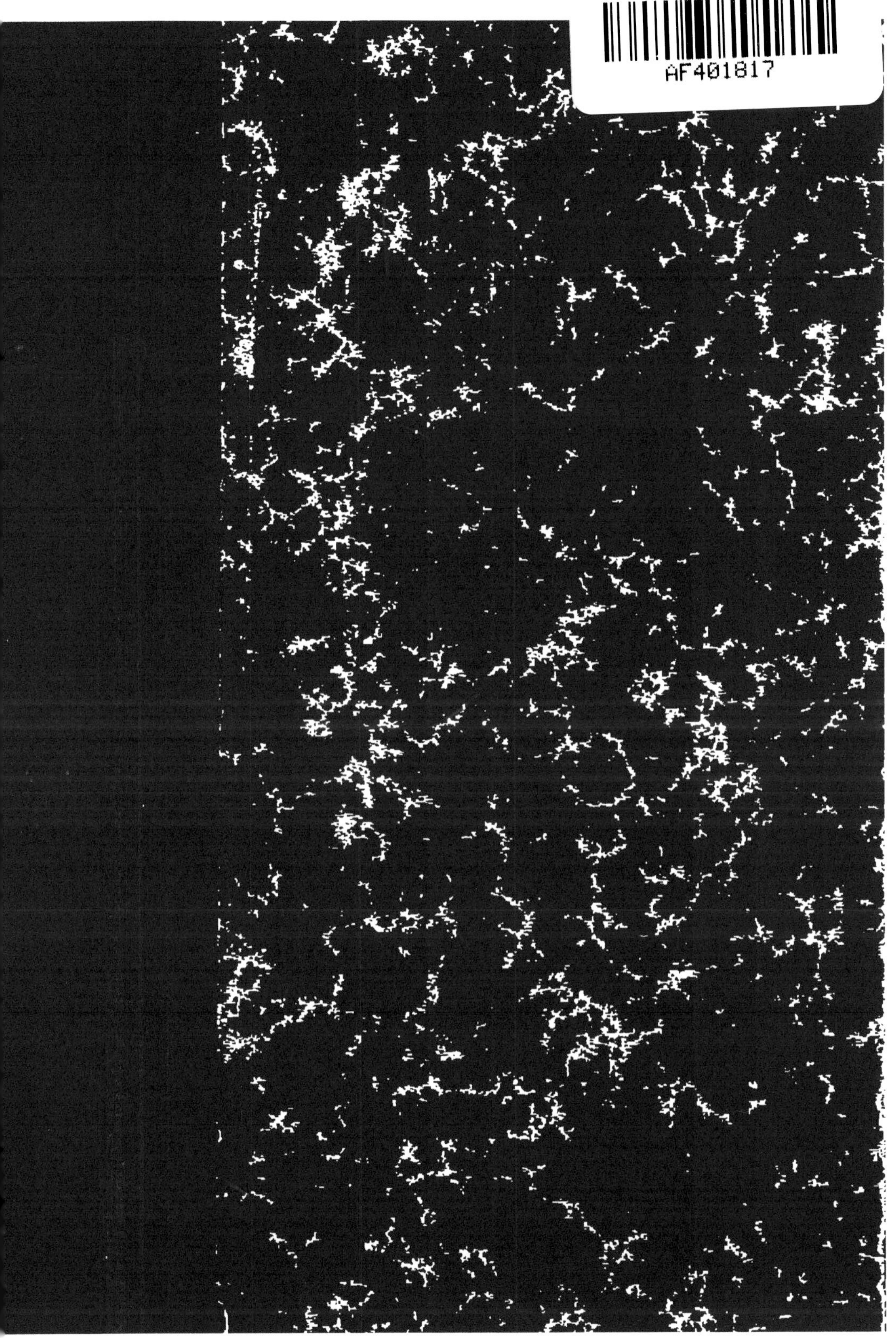
AF401817

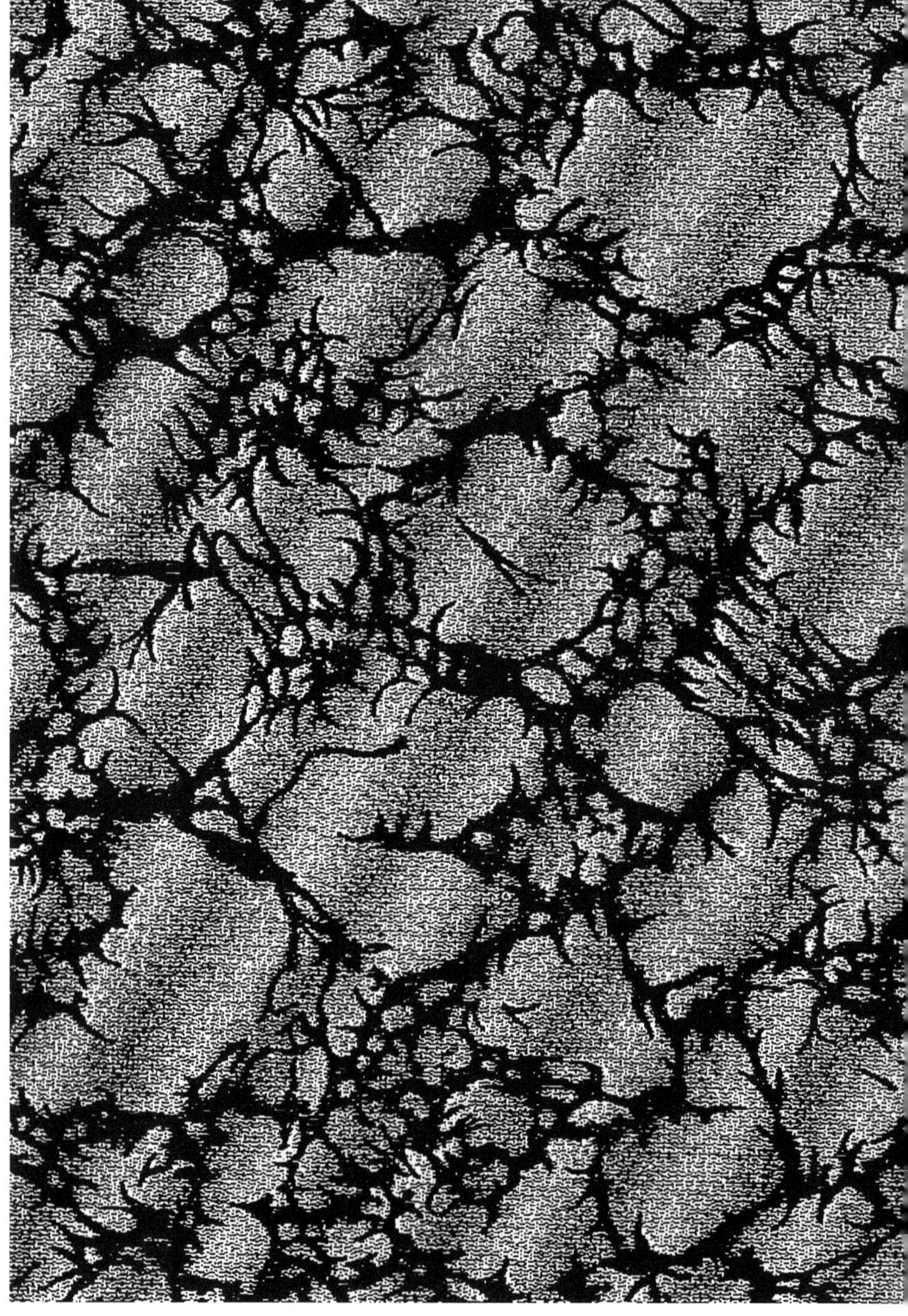

PREMIÈRES SATIRES

DE

DULORENS

PARIS

Cabinet du Bibliophile

M DCCC LXXXI

LES SATYRES DV SIEVR DV LORENS.

Diuisees en deux Liures.

A PARIS,

Chez Iacqves Villery à l'entree
de la gallerie des Libraires.

M. DC. XXIIII.
Auec Priuilege du Roy.

AU ROY

L'on voyoit en Athenes une Minerve qui battoit le Sylene Marsias, pour ce qu'il avoit ramassé, afin de s'en servir, les flutes qu'elle avoit jettées. C'est ce qui m'avoit refroidi de faire present de ces Satyres à V. Majesté, sçachant que les Muses avoient delaissé ce genre de poëme, le plus utile et le plus agreable de tous (si comme un bon moine il garde sa reigle) en dépit de quelques impudens, qui depuis peu avoient ozé baptiser de son nom leurs tristes mes-disances. D'autre costé, m'imaginant que, si on ne préchoit le vice, qui est déja si arrogant,

il se rendroit insupportable, et se feroit voir
avec bien plus de lustre dans les ornemens
de sa vanité, je me suis resolu de hazarder la
publication de cet ouvrage, sous la faveur de
vostre victorieux genie. Et, si le soin de se
plaire est loüable en cet endroit, je souhaite-
rois, Sire, pour le respect que je vous doibs,
que les vers en fussent d'or et qu'ils n'eussent
ny pié ny syllable qui ne brillast des plus
vives clairtés de vostre gloire; de la mesme
affection que je leve les mains au Ciel, à ce
qu'il estende vostre empire sur toute la terre,
qu'il arroze continuellement vos lys des
eaux de sa grace, et vous inspire, avec un
desir de me faire du bien, la creance que je
suis

Vostre treshumble et tresobeissant sujet
et serviteur.

Du Lorens.

AU ROY

SATYRE I

SIRE, *puisque ma muse à censurer s'adonne,*
Et qu'en mon vercoquin je n'espargne personne,
Fusse mon propre frere, ou mon oncle, ou ma sœur,
Et, Dieu me le pardoint, mon pere confesseur,
Puisque une plume libre est tousjours odieuse,
Qu'une bonne satyre est chose imperieuse,
Qu'un timide respect n'est pas son element,
Qu'elle tient trop de soy, je ne sçai pas comment
Je la pourray ployer d'une juste contrainte
Au devoir qu'il faut rendre à la Majesté saincte;
Desireux que je suis de luy faire un discours
Qui soit, comme l'argent, et de mise et de cours,
Portant de bien regner les reigles generales,
Et qui serve à tous roys de breviaire ou d'annales:
Non que je m'imagine estre un Platon nouveau,
Pour des formes d'Estats tirer de mon cerveau,

Joint qu'enseigner mon roy c'est enseigner Minerve,
Mais mon esprit se laisse emporter à ma verve.
Il sera toutefois en ce lieu si discret
Qu'il se gardera bien de sonder le secret,
Mais il demeurera dans l'air de mon genie,
Qui d'honorer les roys sans cesse le convie.
En effect, mon dessein n'est que de vous servir
Et de vous estimer, coustumier de sevir
Sur les erreurs humains que chasse ma satyre.
Dessus vos actions il n'y a que redire.
Rien ne se peut trouver icy bas de parfait
Que ce que vostre main depuis deux ans a fait;
La preuve maintenant est trop claire et certaine
Que des nobles Bourbons la tige n'est humaine;
Leurs peres sont les dieux : car, aux autres enfans,
Le courage et valeur viennent avec les ans;
La vostre, poursuivant sa royale advanture,
Hautaine, a renversé tout ordre de nature.

Prince envoyé du Ciel, rejetton de Henry,
Sous lequel si long tens nostre France a flory,
Savourant les doux fruicts d'une paix si tranquille
Que les champs estoient lors aussi seurs que la ville,
Des Pheaques oisifs l'Estat est fabuleux,
Ou n'est qu'un ombre vain du nostre plus heureux.

Et ne faut s'estonner si, en vostre jeune age,
Un serain si plaisant s'est troublé de nuage,
Si le bruict court l'hyver qu'on leve des soudars,

Et que nous reverrons la guerre au mois de mars;
Cela s'est tousjours faict : la noblesse endebtée,
Qui de ses creanciers en paix est molestée,
Et qui voit tous les jours, ainsi qu'en garnison,
Un nombre de sergens fourrager sa maison,
Ne demande qu'où est ce, et seme des nouvelles
Pour avoir des delais, respis et quinquennelles.
Ces rebelles avec, qui, pour tout argument,
Alleguent qu'on ne peut forcer l'entendement,
Et que vous les voulez, deceus d'une promesse,
Contre leur volonté faire aller à la messe,
Ombrage qui leur a produict tant de malheurs,
A vostre Majesté causent tant de labeurs.
Que plus j'y pense, et plus j'en ay mal à la teste,
Les foiriers sont bien longs d'une mauvaise feste.
Poussez de mesme esprit sont ces desesperez,
Qui ont faict cession, bannis et deferez,
Un tas de faineans, et toute la canaille,
Voire vos bons sujets qui couchent sur la paille :
Non que par penitence ils pleurent leurs delits,
Mais pour la grande cruë on a vendu leurs lits.
Il faut boire le jus d'une bonne racine,
Pour empescher l'effect des songes de Bazine.
Les plaintes que l'on fait sont les seuls fondemens,
Le pretexte et couleur de tant de mouvemens;
Et c'est le bien public que celebroient ces princes,
Qui fit au tens passé tant de mal aux provinces.

Ce peuple qui vous ayme, il le faut soulager,
Il vous l'a faict paroistre au milieu du danger :
Vous ne pouvez encor, pour vos justes despenses,
Luy faire voir les fruicts de vos magnificences,
Trop bien les luy-promettre et puis ne manquer pas.
Messieurs les deputez, en ces derniers Estas,
Vous en remercieront, à qui, pour tous saleres,
Le pays delivra le chemin des galeres;
Ils se sont obligez, voire en leur privé non,
Qu'on abaissera tost la taille et le taillon;
Vos mauvais conseillers en parlent à leur aise,
Ces harpies encor, dont la faim ne s'appaise
De nostre sang plus pur, qu'ils succent comme let,
Lors qu'ils vont conparant vostre peuple au mulet:
Vous estes son pasteur, son gardien, son pere,
Et luy est vostre enfant qui des faveurs espere;
Vous l'en devez combler, et le temperament
De droict et d'equité permettre au Parlement,
Qui vous est obligé de ce qu'en jours si calmes
Il donne ses arests à l'ombre de vos palmes,
Qui avec le respect reçoit vos bons edicts,
Admire vos beaux faicts et revere vos dicts :
Car jamais ne se vit, en si tendre jeunesse,
Prince qui fut doüé de si grande prouesse,
Plus pieux, plus humain, plus benin, plus courtois,
Plus digne de tenir le sceptre des François.
Les rois furent creés pour rendre la justice;

Il la rendra pour vous, il chassera le vice.
Gardez luy ses honneurs en toute liberté;
C'est l'unique splendeur de vostre Majesté,
C'est l'ancien fleuron de la double couronne
Qui vostre chef sacré de fin or environne;
C'est le plus grand Sénat de tout cet univers;
Phœbus pour le louer n'a pas d'assez bons vers.
Voyez y ces Verduns, ces Villiers, ces Bellievres,
Devant qui les méchans sont paoureux comme lievres,
Ces Mesmes, Novions, Dozembrez, et le Gé,
Qui au gré des sauveurs jamais n'ont rien jugé.

Vous devez neantmoins le principal conduire,
Et dans vostre conseil comme un astre reluire,
Soir, matin, en tout tens; vous le faictes aussi,
Et tesmoignez par là qu'avez de nous soucy.
Vous le devez, GRAND ROY, affin que chacun die
Que de vostre costé ne vient la maladie;
Si le corps de l'Estat a de l'affliction,
Que sans doute elle naist de sa corruption.

Quant à la pieté, l'estoille de la France,
Qui éclairoit d'en haut vostre heureuse naissance,
Nous promet en vos jours un general sermon,
Et qu'on ne fera plus le presche à Charanton,
Et, ce qui nous seroit contentement extreme,
Que tous les Huguenots jeuneront le caresme.
Le tout sans coup ferir, car la divine loy
N'a jamais entendu que l'on force la foy,

Et ce propos qui dit qu'elle entre par l'oreille
Assez ouvertement la guerre deconseille;
Que vous n'entreprendrez, sinon par ce devoir,
Qui vous oblige un peu de vos confins ravoir,
Ensuivant le conseil de vostre amy Guillaume,
Plus tost que du soldat qui presche le royaume
Au front de ce livret, et, comme un rossignol,
Croit en se degoisant qu'il tue l'Espagnol.
Il trouve le pain bon, et ne laisse de vivre.
O! qu'il est malaisé de tuer dans un livre,
Quand on est tant soit peu garny d'entendement,
Que l'encre et le papier sont à commandement!
Sa fantaisie fut de plusieurs approuvée.
La guerre est douce à ceux qui ne l'ont esprouvée.
Vous devés nonobstant, quand vous serés plus fort,
En armes faire voir un genereux effort,
Afin de tesmoigner à la gent estrangere
Que le fils est souvent aussi bon que le pere.
Comme son grand renom, qui par tout resonnoit,
Par crainte ou par amour en devoir la tenoit,
Le vostre, au sien égal, fera la mesme chose;
Dieu de tous vos conseils heureusement dispose.

Ainsi nous jouyrons du repos gracieux,
Et vivrons icy bas comme l'on vit aux cieux,
Sans debats ny procés, où les juges propices,
Au cas qu'il y en eust, ne prendont plus d'épices.
Vous couperés la teste à la venalité,

Par laquelle en detail l'office est debité.
SIRE, vous osterez un autre abus enorme,
La guerre de la paix, ces bons juges sous l'orme,
Qui mangent vostre peuple avec tant de delais,
Qui oyent ces coquins faire comme au Palais;
Ces vautours, Lycaons, ces affamés Briares,
Il les faut envoyer aux estroites Gyares.
En dépit des volleurs, qu'en ce lieu mon papier
N'est il du plus dur fer, et ma plume d'acier!
Que ma satyre, ailleurs par trop respectueuse,
Et qui bat trop à froid, n'est elle injurieuse!
Mais il fait dangereux injurier le mal,
Qui est si grand seigneur en ce siecle anomal,
Qui marche à si gros train, qui s'en fait tant à croire,
Qu'il brigue pour avoir bonne place en l'histoire.
    Le temple de Janus en ce temps n'ouvrira,
Et la fureur dedans horrible fremira,
De vos puissantes mains liée de cent chénes;
Le miel au lieu de gland nous produiront les chénes.
Toutes choses riront, et vostre regne encor
En tous biens passera l'antique siecle d'or.
Moy je feray des vers en forme de satyre,
Et les accorderay non point sur une lyre,
Ainsi que fit Ronsard, mais sur quelque instrument
Qui, comme ils sont rustics, sonne rustiquement.
    Tout homme les pourra joüer sans tablature,
Puisque je les ay faits sur la clef de Nature,

Sans me gratter la teste et mes ongles ronger,
Puisqu'ils me sont venus quasi sans y songer.
    Voila comment devroient convenir toutes choses :
Les vieux ayment le vin, et les Nymphes les roses.
    Mais falloit il au Roy cet œuvre dedier ?
Non pas si j'estois sage aux depens du barbier,
Qui, servant de son art un qui portoit ce titre,
Fut payé d'un bon mot dont vous serez arbitre.
Aprés l'avoir tué long tens de son caquet,
En fin luy demanda ce joly perroquet,
Se retournant vers luy d'une gentille garbe :
« Comment, à vostre advis, feray je vostre barbe,
Sire ? A tous vos desirs je suis fort complaisant.
— S'il y avoit moyen, mon maistre, en te taisant. »
    Or nostre poësie est bien plus favorable
Que les propos communs, car elle est delectable ;
Chassant, par la vertu de son nombreux accent,
La tristesse malsaine et l'ennuy plus recent,
Ennuy qui nos esprits et nos corps ronge et mine.
Les roys ont bien besoin de cette medecine.

AU ROY

SATYRE II

Race *de tant de roys, l'Hercule de la France,
De qui Mars aujourd'huy releve sa vaillance,
Qui, en vostre jeune aage, avez tant exploité
Que nous craignons desja que la posterité
Ne die que Mathieu, par tout si veritable,
Quand il parle de vous, luy raconte une fable;
Monarque genereux, parangon des Cæsars,
Vous avez fait paroistre, au milieu des hazards,
Que, si vous n'eussiez eu ce royaume en partage,
S'il ne vous fust écheu comme propre heritage,
Vous pouviez l'acquerir avec vostre valeur,
Qui vous fait triompher en dépit du malheur.*

*Mais Dieu comme il luy plaist toutes choses ordonne,
C'est luy qui fait d'un homme un docteur de Sorbonne,
Un evesque, un meunier, un curé; c'est son doi
Qui fist cet univers, qui vous a fait un roi.
C'est luy qui escrivit sur des tables de pierre
Les saints commandemens, qui forma le tonnerre;*

C'est luy qui meut les cieux d'un mouvement égal,
Qui fist élire Pape un pauvre cardinal,
Lequel auparavant pensoit aussi peu l'estre
Qu'un François, que l'enfant qui est encor à naistre.
C'est luy qui vous protege et sauve de méchef,
Qui a mis le bon sens en vostre sacré chef :
Car vous suivez la foy de l'Eglise Romaine,
Salutaire flambeau de la nature humaine.
Vous portez à bon droict le nom de tres-chrestien,
D'autant que nos ayeux ont dependu leur bien,
Ont espandu leur sang, pour remettre nos Papes
En leur siege de Rome, avec leurs grandes chapes.
Ce n'est pas vous loüer que loüer la vertu
Dont chacun recognoist que vous estes vestu,
Mon Loys, qui venez d'un Loys que l'Eglise,
Pour ses perfections, justement canonize;
Enfant prædestiné pour regner icy bas,
Pour moissonner la gloire au champ des durs combas,
Pour vaincre, pour emplir tout le monde d'exemples,
Pour charger de drappeaus les voutes de nos temples,
Pour estre quelque jour la merveille des roys,
Quand vous aurez borné la terre des François
Du bord où le soleil au matin se reveille
Jusques à l'autre rive où le soir il sommeille.

Je prens un ton trop haut, et crains que mon dessain
Ne plaise pas à ceux qui ont l'esprit mal sain,
Et de donner subject à quelque fantastique

De dire que c'est mal travailler en musique ;
Que c'est mesler la fluste avecque les haubois,
La terre avec le ciel, que de chanter les rois,
Et parler de combats, de victoires, d'empires,
Au front de ce livret que je nomme Satyres.

    Il auroit bien raison, et moy je n'ay pas tort ;
Un homme de village est tousjours mal accort,
Rustique, impertinent ; il n'a point de methode,
Il ne sçait ny danser ny baller à la mode.
« Oüy, voire, c'est mon », ce sont ses plus beaus mots ;
On l'entend bien venir avecque ses sabots.
Il choppe à chaque pas, il bronche, il s'entretaille,
Si ce n'est quand il dit qu'il paye trop de taille :
Car c'est où il luy tient. Il donne son advis,
En conferant son tens avec ceux de Clovis,
De Pepin, de Martel, selon que de l'histoire
Il auroit peu transcrire en son vieux repertoire.
Dessus ce lieu commun il est fort eloquent,
Il tranche en philosophe un « et par consequent »,
Un « qu'en dis tu, compere? y a t'il apparence? »
Et puis, pour epilogue : « Adieu, la pauvre France ;
Tu t'en vas, tu te pers, tu te meurs, je le voi,
Mais ton mal ne vient pas de la faute du Roi :
C'est un prince benin, courtois et magnifique,
Qui gueriroit les maux de la chose publique,
S'il n'estoit entouré de ces gourmans oyseaus,
Qui sont affamez d'or, plus que les noirs corbeaus

De la chair des pendus : ils volent ses finances ;
Leur subtilité fait la nique aux ordonnances. »
    SIRE, *je ne croi point que vostre Majesté,*
Qui entre les vertus cherit l'humanité,
Recognoisse le point où la France est reduite ;
Son mal est au dessus de la sage conduite.
Elle n'a plus de nerfs, son corps est tout perclus ;
Qu'on luy taste le bras, le poux ne luy bat plus.
Au reste, son malheur naist de la convoitise,
C'est elle qui la pille et la met en chemise,
Qui la bat, qui la tue, et se rit de ses cous ;
Il est tens ou jamais de se mettre à genous,
D'implorer la faveur et le secours celeste,
De pleurer, de jeusner, de coucher de son reste.
En fait de penitence, il se faut amender,
Se chastier soy mesme, et se reprimender ;
Il est tens que Roger aille voir logistille,
Que les sacrez Prelats eslisent domicile
Auprés de leurs troupeaus, affin que ces grands loups,
Qui ont l'exterieur et le semblant si dous,
Ne les viennent ravir et n'en facent leur proye ;
Qu'ils marchent habillez de vertus, non de soye ;
Qu'ils vivent chastement, exempts d'ambition,
Si ce n'est de gloser sur la perfection ;
Que ceux qui ont l'honneur d'estre nez gentils-hommes
Reluisent en bonté dessus les autres hommes,
Qu'ils soient humbles, prudens, qu'ils honorent leurs rois,

Qu'ils n'endossent jamais que pour eux le harnois,
Qu'autre respect mondain dedans leur ame n'entre,
Leurs lignes icy bas ne tendent qu'à ce centre;
Que les princes, qui sont aux beaus astres pareils,
Cognoissent que leur jour blanchit de ces soleils;
Qu'éloignez de la Cour, ils perdent leur lumiere,
Leur lustre, leur éclat, et deviennent vulgaire.
— Je n'oze conseiller messieurs les advocas,
Qui vendent tous les jours leur langue à Barrabas,
Qui tourmentent les loix, à qui l'indifference
Et le hardy parler tient lieu de conscience.
C'est en vain s'informer des braves medecins,
Qui ont tousjours les yeux fichez dans des bassins,
Pour sçavoir s'il nous tient au foye ou à la rate,
A la vessie, au rein, au ventre, à l'omoplate;
Qui commettent un meurtre avec impunité :
On les doit honorer pour la necessité.

Chaque condition et chaque aage a son vice;
Le larcin aux tailleurs n'est pas une malice,
L'insolence aux soldats est un petit peché,
Un seigneur à midy est encore couché,
Pierre est homme de paix et qui fait le scandale,
Martin sçait comme il faut renoüer la caballe,
On quitte le sermon pour ouir Tabarin,
Dom Pedre ne s'endort qu'au son du tabourin,
Helene fait l'amour et s'habille en devote,
Son mary dit : « Allez, elle n'est point trop sotte.

Cocu, cornu, bien, soit, je ne m'en veux fascher,
Je voi bien à l'argent qu'elle vend bien sa chair. »
L'autre couve la sienne et pour rien la menasse,
Il en est plus jaloux qu'un gueux de sa besasse.
Un chacun a son goust, son advis et son sens :
Tel clerc refuseroit l'archevesché de Sens,
Pour estre dans Paris curé de S. Eustache ;
De son opinion l'homme fait sa rondache,
S'en couvre et s'en deffend contre celle d'autruy.

SIRE, voila comment nous vivons aujourd'huy,
Chacun de nous veut croire et veut faire à sa teste,
Et toutefois cela n'est ny beau ny honneste.
Les princes font les roys ; icy, aux environs,
S'elevent tous les jours mille petis barons,
Qui ne sçauroient monstrer ailleurs leurs baronies
Et leurs fiefs de haubert que dans leurs fantasies.
Les François n'en sont plus que sur la vanité ;
Vous verrez un coquin regarder de costé ;
Le magistrat est plein de faste et d'avarice ;
Bien que j'aye l'honneur d'estre homme de justice,
Je ne puis ny de moy ny d'eux dire du bien :
Tout y est si broüillé qu'on n'y cognoist plus rien.
Quant à ces gros bourgeois, ne troublez point leur aize,
Permettez à leur chef de sortir d'une fraize,
Ne leur deffendez pas l'usage du satin :
Il les fait trop bon voir, le dimanche au matin,
Partir de leurs maisons tous pleins de braverie,

Et leurs femmes sur qui luit mainte pierrerie.
   C'est à vous de reigler toutes nos actions,
A garder vos subjects de tant d'oppressions
Qu'ils souffrent des plus grands que je n'ozerois dire.
Vous avez dessus nous le souverain empire;
Dieu vous l'a concedé, que nous devons ouir,
Et à nous seulement la gloire d'obeyr.
De ces jolys propos la belle humeur se jouë,
Nous voulons comme porcs demeurer en la bouë;
Les maux que nous avons, peste, guerre, procés,
Debats, sterilitez, naissent de nos excés;
Je ne sçai pas comment nous en pourrons respondre,
Comme on dit : « Aprés raire il n'y a plus que tondre. »
Tout le monde est aveugle et court à son malheur;
Sot à la grande paye il nourrit son erreur,
Et se pense pourtant plus fin que maistre mouche;
Le soleil tous les jours sur ses pechez se couche.
Nos corps demy usez panchent vers le tombeau;
Dieu, la Loy, la Nature, ont beau crier tout beau,
Aux traicts de la vertu son ame est impassible,
La raison à son goust commande l'impossible;
Les discours des prescheurs, leur clameur, leurs conseils,
A son mal obstiné sont des vains appareils;
L'exemple de vos mœurs, qui fait rougir le crime,
Le desir de vertu dans son ame n'imprime,
Combien qu'il soit escrit dedans un petit vers
Qu'à l'exemple du Roy se forme l'univers,

Et que c'est son patron, son moule et son modelle.
Ma foy, Diogenés y perdroit sa chandelle,
S'il revenoit chercher un homme en plein marché.
La France, excepté vous, n'est qu'ordure et peché.
Je meure mille fois si je vous flatte, SIRE :
C'est pourquoy je vous fai present de ma Satyre,
Et de moy, qui suis né pour elever aux cieux
La gloire et le renom de vos faicts precieux.

Or, si je ne fais pas en vers si bien qu'Homere,
Qui celebre Achillés, c'est la faute à ma mere,
Qui, m'ayant enfanté, n'usa du lavement
Qui fait dans un corps sec plus clair l'entendement,
Et, pour sçavoir le bien et le mal de bonne heure,
Ne m'a pas faict manger assez soüvent du beure.
C'est ce qui m'a reduit à ce genre de vers,
Lequel faict regarder son pere de travers,
Et, rampant dessus terre en sa phrase commune,
Touche ce qui se fait sous le ciel de la lune;
Mais entre les meschans il note et monstre au doi,
Il damne ces mutins qui font la guerre au Roi.

A LA ROYNE MERE DU ROY

SATYRE III

MADAME, *chacun voit vostre belle maison,*
Et puis, selon qu'il est capable de raison,
Il en fait jugement : car ainsi va le monde,
Chacun s'en fait à croire et en son sens abonde;
L'un en discourt en gros, l'autre en juge en detail;
L'un en est pour la cour, l'autre pour le portail,
Pour l'or et pour l'asur, l'autre le marbre trie;
Les plus spirituels loüent la symmetrie,
Le plan et le dessein, qui n'ont point leur pareil;
Et moy je dy que c'est le palais du Soleil,
Qu'Ovide represente en sa Metamorphose;
Qu'on ne peut icy bas trouver plus belle chose.
Tout y est si parfaict que les plus curieus
Sont faschez, pour la voir, de n'avoir que deux yeus;
L'esclat de ses planchers fait jour à chaque chambre;
On la voit aussi claire, à la fin de novembre,
Que les autres au point du solstice d'esté;
Elle brille aux rayons de vostre Majesté.

Mais, pour mieux baptiser cet excellent ouvrage,
C'est un echantillon de vostre grand courage;
Il ne veut pas ceder aux tens des vieux Romains,
Qui en l'architecture ont passé tous humains.
Il veut encor monstrer aux plus grands de la France
Que bastir de la sorte est l'honeste dépence,
D'autant qu'elle entretient ces braves artizans,
Que l'on peut à bon droict appeller courtizans
De Vitruve, d'Euclide et du bon Ptolomée,
Et des laides beautez d'une antique entamée,
Qui tachent par estude à redonner aux arts
Ce lustre qu'ils avoient sous les premiers Cæsars :
Car il n'est pas humain qui hait l'architecture;
Il faut estre de fer pour n'aymer la peinture
Plus que l'or, que la soye et que les diamans,
Dont Rubens, qui excelle entre tous les Flamans,
A garny vostre hostel, et, d'une main hardie,
Figuré l'heureux cours de vostre heureuse vie :
Argument, si l'on veut juger en equité,
Qui n'a point son egal dedans l'antiquité.
C'est dommage qu'il n'est en cuivre, et non en toiles;
Les anges l'ont gravé sur le ciel des estoilles.
Vous faites des leçons aux jeunes damoyseaus,
Qui dependent leur bien et leur aage en oiseaus,
En chiens et en chevaux, à trois dez, à la prime,
Qui diroient volontiers que bastir est un crime
Et qu'il y a desja tant de belles maisons,

Qui sont aussi changeans que les quatre saisons;
Les couleurs de l'iris sont leurs propres livrées,
Toutes leurs actions au hazard sont livrées;
De qui tout le sçavoir est un vain entregent;
Qui n'apprirent jamais l'usage de l'argent,
Mais bien, dedans Paris faisans les Doms Rodrigues,
Au lieu de liberaux se monstrer des prodigues;
Faineans, inutils, brutaux, fols de sejour,
Petits fils de Caïn, tournoyans tout le jour,
Et sans s'appercevoir que c'est courir les ruës;
De qui tous les dessains sont fondez sur les nuës;
Frisez, poudrez, musquez, faisans des quant à moy,
Qui passent bien trois mois sans salüer le Roy,
Et qui, en un besoin, y passeroient leurs vies;
Ils se contentent bien d'aller aux Tuilleries,
Ou sur le port au foin sçavoir de sa santé,
Car il faut reverer de loin la Majesté.
   Vous baillez sur les dois à nos vieilles avares,
Qui gardent le foyer, et donnent aux dieux lares
Honneste pension, pour avoir tousjours l'œil
Qu'on ne vienne ravir leurs escus au soleil;
Qui, au lieu de maisons, bastissent des Montjoyes
De fin or et d'argent, et qui n'ont autres joyes
Que de n'en point jouir, mais sans cesse amasser,
Et escu sur escu mesquines entasser.
   Voicy mon sentiment : le devoir des princesses,
Et des princes avec, est de faire largesses,

De cherir les sçavans et dependre en esprits,
Pour leur donner l'ardeur de proposer des pris,
Comme on faisoit jadis aux athletes de Pise.
Car aujourd'huy, MADAME, *un chacun les meprise;*
Estre un homme lettré, c'est un tiltre honteux,
Plus sans comparaison que borgne et que boiteux,
Qu'infame, que punais, qu'avoir mauvaise haleine :
Car c'est, au goust commun, avoir l'ame malsaine.
Mais, si par malencontre il se mesle de vers,
On le met aussi tost au rang des ladres vers
Et des pestiferez. O vulgaire profane,
Bien t'a pris que tu fus, tu es, et seras asne,
Puisque en faisant gaigner la cause à Marsyas
Alencontre Apollon, tu deviendrois Mydas.
Pourtant, si tu sçais bien dire chouse pour chose, -
Si tu lis ces livrets, sçais tu que c'est de prose,
Et de vers mesurez? Toy qui es ignorant,
Ozes tu bien vuider un si grand differant?
Encor si tu disois qu'entre douze poëtes,
Il se trouve souvent un millier de choüetes!
Mais avec les mauvais faire patir les bons,
-C'est enchéner les dieux avecque les demons,
C'est au noir et au blanc donner mesme tainture,
C'est faire violance aux loix de la nature.
Tousjours y a debat entre le feu et l'eau;
Sainct Germain porte envie à Fontainebeleau,
Le Turc a tousjours guerre avec le roy des Perses;

Ignorance et sçavoir sont pieces trop diverses
Pour s'unir justement et ne plus disputer.
Cestuicy doit pourtant la victoire emporter :
De vostre aspect royal les douces influences
Luy en font concevoir les justes esperances.
 Vous estes de vertu le pain quotidian,
Vous faites ce qu'on lit du grand Vespasian.
Il receut bien l'advis d'un docte mechanique
Qui, voulant épargner la despence publique,
Monstra comme on pouvoit transporter quantité
De colonnes de marbre avec facilité,
Et sans y employer la peine de tant d'hommes,
D'argent pour les payer assez notables sommes :
Il le recompensa de son invention,
Recognut son esprit et sa perfection,
En ces mots : « Je voy bien que tu es treshabile,
Mais laisse moy nourrir les pauvres de la ville. »
Il n'est rien de si vray que des grands bastimens
Apportent au public, outre les ornemens,
Plusieurs commoditez; ils nourrissent maint homme
Du menu populas, qui jeusne quand il chomme.
Homere surnomma les venerables roys
Pasteurs de leurs subjects et gardiens des loys.
 Madame, *si j'estois un plus grand personage,*
Un plus vaillant rimeur, j'en dirois d'avantage;
Je n'ay veu qu'une fois ce magnifique hostel,
En presentant ces vers, ou ces vœux, sur l'autel

Que vous y bastissez à vostre auguste gloire,
Dans le plus sacré lieu du temple de Memoire.
Si je ne m'en estois dignement aquitté,
Vous prendrez pour l'effect la bonne volonté;
Quelque autre me suivra dont la maniere haute,
Pensant me corriger, r'abillera ma faute.

A MONSEIGNEUR

LE DUC DE NEVERS

SATYRE IV

I L n'est rien si certain, GRAND PRINCE, que le cuivre
N'a pas tant de pouvoir à faire un homme vivre
Qu'un morceau de papier d'un docte barboüillé
Qui dans l'eau d'Helicon ses levres a mouillé.
Moy qui ne l'ay pas fait, si j'avois, par nature,
Qui fait l'homme poëte, ou par cas d'avanture,
Aussi bien rencontré comme un plus brave autheur,
Vous n'en devez pas moins estimer mon labeur.
Le temps a devoré les œuvres de Nestocle,
Pythagore, Eupranor, Polyclet et Patrocle,
De Lysippe, Alexis, Pyromac, Hegias,
Callon, Lacon, Miron, Timocle, Gorgias.
Ce gourmand a mangé tous les tableaux d'Apelle.
Que luy sert, aux Enfers, crier qu'il en apelle,
Puis qu'il n'y a remede, et n'y en peut avoir,
Par des lettres royaux, encontre son pouvoir;

Puis qu'en son mouvement les roys mesmes il tuë;
Qu'invisible il maigrit et ronge une statuë,
La tronque et la mutile en diverses façons;
Puisque c'est luy qui fait travailler les maçons,
Et avecques sa faux de la besongne taille,
Tantost en abbatant un grand pan de muraille,
Tantost en ruinant les temples et autels,
Les villes et chasteaux, les superbes hostels,
Et n'est rien icy bas qu'au vray l'on puisse dire
Purement affranchi des loix de son empire,
Que les livres, et ce dont vous vous repaissez,
Qui rend dedans nos cœurs vivans les trépassez,
Ce nectar savoureux, cette douce ambrosie,
L'honneur, unique objet de vostre fantaizie?
C'est le poinct qui vous rend estimé parmy nous,
Qui fait que vous avez quantité de jaloux,
De sorte que l'on peut, en vous loüant en France,
Où vostre vertu luit, tomber dans l'imprudence
D'un qui pensoit avoir trouvé la pie au nic
En faisant d'Herculés un grand panegyric.
Dieu sçait s'il fut-sifflé des auditeurs habiles,
Et si ce ne fut pas à luy de faire Giles.
Ils l'eussent lapidé cependant sans raison :
Rien n'a si mauvais goust qu'un los hors de saison.
Tant s'en faut qu'avec art il puisse estre agreable
Qu'à ceux qui ont bon nez il put come le Diable.
Mais, quand je ne craindrois de faire ce peché,

Je ne me trouverois d'ailleurs moins empesché :
Car d'un riche subject la trop grande abondance
Pourroit à mon cerveau produire l'indigence,
Telle qu'il me faudroit tout ordre renverser,
Ne sçachant bonnement par quel bout commencer.
Et, puisque vos vertus sont entre elles égales,
Suivant un vieux brocard, c'est ferrer les cigales,
Abuzer le tapis et perdre son loisir,
Voire leur faire tort, de penser en choisir
Quelcune en si grand nombre et des autres se taire ;
A toutes de Cæsar faudroit un Commentaire.
Sur ces difficultez, ma resolution
Est d'observer icy cette discretion,
Que je feray cognoistre, en gardant le silence,
Les vœux que dans mon cœur cache la reverence,
Que je veux marier ces satyriques vers
Aux doux accents qu'Echo rend, par tout l'univers,
De vostre renommée, aux cavalliers cogneuë,
Et qui, legere, vole au dessus de la nuë ;
Vous publiant benin, vaillant, devotieux,
Qui, semblant estre icy, vivez dedans les cieux ;
Qui suivez la vertu, qui fuyez la malice,
Qui cherchez d'avancer la chrestienne milice,
Par un ordre nouveau du S. Pere approuvé,
Dont le zele sera par le tens éprouvé.
J'oi degoizer Monsieur qui a la bouche fraische,
Qui, faineant qu'il est, des faicts de Dieu s'empesche,

En cruble les raisons, en dit l'evenement ;
Il ne luy manque rien qu'un peu de jugement.
Tandis qu'on parle mal il n'est que de bien faire ;
Ce n'est pas d'aujourd'huy qu'on oit un asne braire.
Que d'asnes à Paris aussi bien qu'à Lion,
Vestus, pour decevoir, de la peau du lion !
Vous diriez, à les voir, qu'ils sont cela qu'ils semblent,
Mais, au premier subject, comme la fueille ils tremblent ;
Ils se font reverer aux autres animaux,
Et soubs ce faux manteau leur font tout plein de maux ;
Mais le renard, plus caut, leurs finesses descouvre,
Et aux moins advisez la voye au salut ouvre.
N'estoit le rang, la mine, ou le sang, ou l'habit,
Les fadeses de Cour n'auroient si prompt debit.
Le harnois du cheval plusieurs vices recelle ;
De peur de s'y tromper, il le faut voir sans selle.
Les nobles des villains qui pourroit separer,
Si à leur bon plaisir ils vouloient se parer
L'un et l'autre à qui mieux, et brider la moustache ?
Il ne faut qu'au dimanche entrer à S. Eustache :
Vous verrés les bourgeois, voire les artisans,
Tant ils sont bien vestus, paroistre courtisans.
Les ornemens des dieux en nos jours on profane ;
Aujourd'huy les coquins ont des manteaux de pane.
Il faut icy crier : « A l'aide, mes amis ! »
Et que pourront porter ces mignons de commis,
Pour monstrer par l'habit qu'ils ont plus de pistoles ?

On voit l'homme par là, mais non par les paroles.
   Quand vous sçauriés l'hebreu, le grec et le latin,
Si vous n'estes parfois habillé de satin,
Ma foy, l'on vous fera bien souvent maigre feste.
Selon que sa peau vaut, on estime la beste.
Par ainsi font les grands aux petits familiers,
France, Messire Jean avec ses escoliers.
O! combien d'autres maux nous cause ce desordre!
Si j'avois bonnes dens, je le voudrois bien mordre!
Du luxe la disette, et cette faim d'avoir
Qui met souvent les cœurs hors des gons du devoir,
Qui fait que parmy nous y a mainte ame double :
Et puis on dit qu'il n'est que pescher en eau trouble.
A cause des habits, on ne peut faire chois,
Entre les courtisans, des venerables rois,
Sinon que la Nature, artiste en ses ouvrages,
Seme certains rayons sur leurs sacrez visages,
Et sur le vostre aussi, qui éblouissent l'œil
Des mortels, aussi bien comme ceux du soleil :
Astre qui communique aux aigles de l'Empire
Cette grande clairté que nous voyons reluire
Autour de vostre corps, son plus bel ornement,
Et, tout ainsi qu'au ciel, luy sert d'habillement.
C'est cela, MONSEIGNEUR, qui dit sans astrologues
Que vous estes issu des [grands?] Paleologues.
Ce port majestueux, ce grave doux maintien,
Ces mouvemens reglez, ce royal entretien,

Font bien voir aux bons yeux quelle est vostre naissance.
Mais, Muse, sçais tu bien que ce Prince *nous tance,*
Et que ses bonnes mœurs il desire cacher.
Ne paranimphons plus, de peur de le fascher.

MARIAGE

SATYRE V

Sur ta difficulté j'ay trouvé la response :
Prens la pour un advis ou pour une semonse,
Il ne m'en chaut d'un zest ; en disant verité,
De ce que je te doi je me suis aquité ;
Mes pensées ne sont ny hautes ny subtiles,
Mais bien en ce subject les fueilles des Sybilles.
L'homme seroit bien fin qui m'y prendroit sans vert.
D'ailleurs à mes amis je parle à cœur ouvert,
Et ne suis point de ceux qui leur flattent l'oreille,
Qui, pour les decevoir, leur rit à la pareille.
  Tu te veux marier estant desja grison ;
Tu aurois plus tost fait de te mettre en prison,
De passer le guichet, d'entrer en vive geole.
Ta maistresse t'endort, te coëffe et te cageole ;
Ce n'est, quand à present, qu'amours et que ferveurs ;
Ses propos sont de miel, c'est la mesme faveur,
Son haleine sent mieux que les fleurs de nos prées,
Son geste est humble, honneste, et ses façons sucrées ;

Mais tout cela n'est rien qu'un art et un traffic :
Car la femme est d'humeur semblable au basilic,
Qui picque en chatoüillant; au dehors c'est un ange.
Quand j'aurois le pinceau du brave Michel Ange,
Ou la plume d'Homere et tout l'esprit des Grecs,
Je ne ferois sinon amasser des regrets,
Si j'employois mon tens à la vouloir depeindre;
Jamais à ce degré je ne pourrois atteindre.
Je sens bien ce que c'est, moy qui suis au collier,
Mais je suis à l'escrire un petit escholier;
C'est où Messire Jean mangea son breviaire,
C'est où l'art est quinaut auprés de la matiere,
Qui le passe d'autant que le plus haut des cieux
Ces corps qui à grand peine apparroissent aux yeux,
Dont le monde fut fait au dire d'Epicure,
Qui crioit que les dieux des hommes n'avoient cure,
Et qu'ils vivoient oisifs en toute seureté :
Les livres de Moyse il n'avoit fueilleté.

Quiconque est desireux d'entrer au mariage
Entreprend, MON AMY, de faire un long voyage;
D'heureux et franc qu'il est, il veut s'embarasser,
Il cerche des procés à jamais ne cesser,
Que le lict tire à soy comme la paille l'ambre;
Il en feroit plus tost dessus le pot de chambre;
Quant au jour, il se passe ainsi qu'il plaist à Dieu.
Qui prend femme peut bien aux plaisirs dire adieu;
Il se pert, il se tuë, il se met à la géne,

Il attache à son col une bien longue chéne ;
Il renonce à soy mesme, il devient tout d'autruy.
Demande à ton voisin, je m'en rapporte à luy.
Qui prend femme se vend ; il se donne, il s'engage,
Il court à son malheur, il cerche son dommage ;
De sain et sauf qu'il est, il poursuit des douleurs,
Il se met au carquan, il se livre aux voleurs,
Il se brouille, il s'embrene, il gaste son mystere,
Il se rend aux appas d'une belle misere.
En lieu de se moucher, il s'arrache le nez ;
Pensant que ses beaux jours de la paix soient bornez,
Il seme en sa maison une guerre civile ;
Il ne luy vient que croix, encor qu'il prenne pile ;
Il s'englue, il s'empestre, il s'enferre, il se point,
Il chausse des souliers qui sont trop cours d'un point ;
Pensant s'accomoder et se mettre à son aize,
Il chet, comme l'on dit, de la poisle en la braize ;
Il se met de bon gré entre mains de sergens :
La femme et eux sont faits pour tourmenter les gens ;
Mais, pour n'en point mentir, tous deux sont necessaires,
L'une à coudre et filer, l'autre pour les affaires.
Croyant prendre une femme, on est bien souvent pris ;
C'est un des passetens de l'enfant de Cypris,
Qui sçait bander les yeux d'une genereuse ame,
Affin qu'elle consente au vouloir de sa flame.
    Il y a bien vingt ans que j'y fu bien pipé ;
Jamais pauvre vilain ne fut mieux attrapé.

Tu cognois les façons de nostre mesnagere,
Qui fait que je me couche et me leve en cholere,
Qui ne veut voir chez moy, pour boire et pour manger,
Ny Gautier ny Guerguille, en deussay je enrager;
Qui controlle mes jeux, mes yeux, mes pourmenades,
Qui faict autant de bruict que toutes les Menades,
Qui danse, chante, rit et pleure en un instant,
Groumele qu'à l'aimer je suis trop inconstant;
Qui souffre plus d'ennuy, par vaine jalousie,
Que ce pauvre escuyer dont la terre est saisie.
Pour cent escus qu'il doit il y a bien dix ans,
Et pour vivre d'ailleurs n'a moyens suffisans.
Ma fortune ce jour avoit pris un clystere,
Qu'elle jetta sur moy, je ne m'en sçaurois taire;
Le silence d'ailleurs ne m'apporte aucun bien,
Ny mon lasche babil ne me guerit de rien.
J'ay beau luy remontrer que c'est d'obeïssance,
Que par nostre coustume elle est en ma puissance,
Qu'il ne luy suffit pas, ainsi qu'un bon miroir
Dont la glace est unie, au dehors recevoir
L'object de mes desirs; qu'il doit en son cœur estre
Profondement gravé; bref, que je suis le mestre.
Je n'use que ma langue en ce fascheux discours,
Et je sens bien qu'il faut que le mal ait son cours.
La femme a cet humeur : tant plus on luy resiste,
Comme ces bons plaideurs tant plus elle persiste,
Tant plus elle conteste, et jamais ne se rend;

Elle fait par dépit tout ce qu'on luy deffend.
Son desir est sa loy, sa passion son juge,
En affaire douteux l'audace est son refuge.
Elle est plus dangereuse au fort de son courroux,
Plus aspre à se vanger, que n'est un lion roux.
     Elle veut achever toutes ses entreprises,
Elle en va faire vœux dans toutes les eglises,
Des vœux tant éloignez des reigles du devoir
Que le Ciel indigné ne les veut recevoir.
L'un parle de poison, et l'autre d'amourettes :
Qu'elles puissent durer, et qu'elles soient secrettes;
Qu'elle aime sans aimer, avec discretion;
Qu'elle aye tout pouvoir sur son affection
Pour quitter ou reprendre une amour delaissée,
Et que jamais de feindre elle ne soit lassée;
Que ses yeux et son front soient au bien composez;
Ses propos, ses desseins, tellement disposez
Que tous les medecins et les apoticaires,
Qu'Argus mesme ne peut voir clair à ses affaires;
Qu'elle puisse rouler en toute liberté;
Qu'en ne reffusant rien à sa lubricité,
En prenant les plaisirs de la chair à son aize,
Elle aye aussi bon bruict que la Dame d'Epheze;
Que son vilain mary n'en devienne jalous;
Que ses jambes plustost soient mangées des loups;
L'autre de vanité, d'orgueil et de licence,
De dances, de balets et de rejouissance.

L'autre de la beauté, d'embonpoint, d'affiquets,
De perles, de rubis, d'or, et de bons banquets,
De paroistre en soleil, et que ce soit un crime
De ne la pas loger en la plus haute estime;
Qu'on ne parle que d'elle au milieu de la Cour;
Qu'elle soit reputée un miracle d'amour,
L'honneur de son pays, la lumiere des belles;
Que les plus continens luy offrent des chandelles.
Car ce sexe sur tout est tres-ambitieux,
Prodigue tout ensemble et avaritieux;
Il se vend pour fournir au luxe et aux delices;
Les plus grandes vertus, à son goust, sont ses vices.
Il sçait bien quand il faut mortifier son taint,
Ouir messes, jeusner, contrefaire le saint,
D'autant qu'au lieu de force il est garny de ruze;
Toutefois, s'il se trompe, aux contracts, on l'excuze,
Dedans le Parlement, et dans les autres Cours,
Et, s'il tombe à l'envers, il a les talons cours.
C'est pourquoy les cocus dont la France est farcie,
L'Espagne, l'Angleterre et toute l'Italie,
Sçavent si bien garder le silence, de peur
Que, s'ils ouvrent la bouche, ils perdent leur honneur.
Mettez les sur les rangs, ils rechangent de note;
Parlez leur de catin, ils ont ouy Charlotte.
A tourner la truye au foin ils sont bien duis.
Le Diable, outre cela, n'est tousjours à un huis.
Ils ont des compagnons, c'est ce qui les console,

Ils n'en plaideront pas, je t'en donne parole.
J'entens les advisez qui sçavent mieux que c'est,
Et qui ne veulent pas l'estre par un arrest,
Qui demeure tousjours, qu'un greffier enregistre,
Qui dans une famille est un infame tiltre;
Ce qui est fait est fait : or la dexterité
Gist à faire vertu de la necessité.
Claude fut bien contraint de souffrir Messaline,
Qui remportoit souvent à la couche divine
Les odeurs du bordel; Marc Aurelle a vescu
Joignant aux grands surnoms le surnom de cocu.
Ces dieux mortels ont pris leur mal en patience,
Et toy, qui es un rien, tu en feras instance?
Toubeau, MON AMI DOUX, ne prens cecy pour toy,
C'est pour Jean qui ne peut, et peut-estre pour moy:
Non que jusques icy j'aye eu mal à la teste;
Mais l'homme est au milieu de l'ange et de la beste,
Subject à tous malheurs et à tous accidans,
Non plus un laboureur qu'un grave presidant,
Qu'un roy, qu'un empereur; ma femme comme un autre
Peut aussi m'enfiler en la grand' patenostre.
    Je n'ay pas resolu, t'envoyant mon advis,
Dressé, comme tu vois, en forme de devis,
D'escrire tout au long l'histoire de nos dames :
J'aurois peur d'amortir l'ardeur des vives flames
Dont ton cœur est épris, et pecher contre amour,
Si tu as arresté de cuire à nostre four,

De vivre sous l'hymen, de porter sa livrée.
Si déja dans le ciel la chance en est livrée,
Si mesme ton bon ange au contract a signé,
Cest assez attendu, cest assez tastonné,
Et c'est hors de saison tirer le cul arriere.
Quoy qu'en puisse advenir, il faut passer carriere.
Au fond, le mariage est un grand sacrement.
En l'Eglise et en Christ, dés le commencement,
Il fut institué, depeur que nostre race,
Si l'homme vivoit seul, par le tens ne s'efface.
La femme est sa compagne, il la doit bien chérir;
Elle aussy à son tour est pour le secourir;
Quoy que nous en disions, elle a de bonnes heures;
Tel en médit ainsi que le renard des meures,
Pour n'avoir sceu gaigner la parfaicte amitié
De celle qu'il taschoit de faire sa moitié.
Ma foy, nous y serions un peu trop à nostre aise,
Si la femme n'estoit de nature mauvaise;
Nous, à nous bien priser, ne valons guere mieux,
Mais aux fautes d'autruy nous avons de grands yeux,
Et puis nous en avons de taupe à voir les nostres.
Nous, disoit Jeanne à Jean, sommes de bons apostres;
Comme asnes au marché nous nous entregrattons,
Nous approuvons nos mœurs, nos vices nous flattons,
Nous avons le pouvoir, nous gouvernons les villes;
A nostre jugement, nous sommes tres-habiles;
En guerre, à la maison, au Conseil, à la Cour;

Dieu, tant nous sommes bons, nous en doit de retour.
  Il est temps de finir, j'auroi peur que ma verve,
Qui tousjours mesme ton fantasque ne conserve,
Ne loüast à la fin ce qu'au commencement
Ell' a mis au rabais, et que ce changement
Fist dire qu'au hazard mes propos je debite,
Que je les couche icy sans ordre et sans eslite,
Que je sui bien plustost le cours de mon humeur,
Comme un homme qui n'a l'esprit encore meur,
Ni des raisons assez pour dorer son ouvrage.

 .   .   .   .

Vrayement je ne suis pas si affamé de nom
Pour me mettre en maillot; si j'ai quelque renom
Entre mes familiers, c'est où je ne me fie :
J'ay trop appris que c'est par ma philosophie.
C'est ce qu'on ne doit pas entre ses biens conter,
Pour ce qu'à tous momens on le nous peut oster.
Arrive qui pourra, j'auray l'ame contente,
Pourveu qu'en escrivant quelque chose j'invente
Qui soit au goust de tous, et qui serve au public.
Jamais je n'eu le cœur aux biens ny au traffic.
Tout mon contentement repose dans un livre
Qui à si peu de frais monstre comme il faut vivre,
Et quel chemin on doit tenir en ces bas lieux
Pour parvenir un jour à la gloire des cieux.
J'ay leu dedans sainct Paul, affin que je retourne
A mon premier propos, qu'une femme en détourne ;

Cependant qu'on luy plaist, qu'on suit sa volonté,
Le service de Dieu n'est plus à rien conté.
Nous oublions le Ciel, où se font les tonnerres,
Pour acquerir icy des rentes et des terres,
Qui rapportent foin, vin, bois et blé en saison.
Nous desirons sortir d'une belle maison,
Avancer nos enfans, et les faire paroistre;
A ce joly dessein nous nous servons du cloistre,
Il y en faut jetter si le nombre est trop grand,
Car il faut beluter, soit à bis ou à blanc;
Il faut estre quelqu'un, sur tout que la bourgeoise,
Soit elle de Paris ou d'auprés de Pontoise,
Ponne dessus ses œufs. Je m'en rapporte à toy,
Marie toy demain s'il ne tient plus qu'à moy :
Dieu mercy qu'à mes yeux toutes choses sont belles,
Et que je suis du bois dont on faict les vielles.

LE COMTE DE CHOISY

SATYRE VI

Non, ce n'ont pas esté les livres d'Aristote,
De son maistre Platon, ny du vieux Herodote,
Encor moins de Virgile ou d'Ovide Nason,
Peut estre n'a ce esté le sens ny la raison,
Qui m'ont faict rimailler à la nouvelle mode,
Delaissant pour un temps mon digeste et mon code.
Quoy donc? interrogez tant seulement vos yeux,
Voyez ce qui se faict sous la voûte des cieux,
Et, si vous demeurez au royaume de France,
Considerez un peu de quelle violance
Et avec quel credit y regnent les abus.
Quand vous n'auriez jamais imaginé Phœbus,
Quand vous n'auriez masché ny laurier ny lierre,
Quand vous seriez pestris de la plus dure pierre,
Non des quatre elemens comme nous sommes tous,
Pourveu que vous fussiez capable de courrous,

Vous feriez de bons vers. Moy, sur qui un poëte
Vole comme feroit l'aigle sur l'alouete,
Je ne dois mon ozer qu'au subject abondant;
Si j'avoi le genie au vouloir respondant,
Dieu sçait si je plaindrois mes veilles et ma peine,
Si je ferois sonner le rivage de Seine.
Hyle, Hyle qui fut à son tour favorit,
Qu'Hercide justement pour sa beauté cherit,
Le Ciel, par trop jaloux de ce qui nous honore,
L'a ravi pour marquer le jour avec l'aurore.
La fleur naist et si meurt en un jour du printens,
Ce qui a de l'excés ne dure pas long-temps.
Les Mayennes, Fronsacs, les Beuverons, les Termes,
Pour estre trop vaillans, n'ont pas vescu longs termes.
Il faut estre poltron pour vivre longuement,
Il faut estre homme lourd et sans entendement,
Il faut estre un niais, un asne à courte oreille,
Pour vivre aage de cerf, de chesne ou de corneille;
Il ne faut estre né que pour boire et manger;
Mais, pour faire fortune, il faut estre estranger :
C'est ce qui fait l'honneur, la grace, les merites,
C'est ce qui fait nommer ceux-là des Hypolites
Et des Bellerophons; n'en soyons ebays,
Nous qui avons teté les femmes du pays :
On cognoist nos parens, on cognoist nos villages,
On ne reçoit icy que les nouveaux visages,
Et doit on aussi peu s'emouvoir de ce goust

Que de voir des chaleurs au milieu du mois d'aoust,
Des guilées en mars, en fevrier des neges,
Que de voir des faquins plantez dans les maneges.
  Il n'est que de juger les choses comme il faut.
Heureux trois fois celuy qui cognoist son deffaut
Et la valeur d'autruy, qui sçait tenir mesure,
Qui se laisse conduire au vouloir de nature,
Qui porte doucement les erreurs qui ont cours,
Voyant que les humains ne vivent par discours,
Que les malheurs sont faits seulement pour les sages,
Qu'en dépit de Charon la Sottise a des pages.
Qui sçait de la raison borner tous ses desirs,
Qui sçait à quoy l'on doit employer ses loysirs,
Ne se trouble de rien, et croit que ceste vie,
A bien philosopher, est une comedie;
Que chaque homme icy bas y jouë son rolet,
L'un de roi, d'empereur, et l'autre de valet;
Qu'il n'importe pas quoy, pourveu qu'on s'en acquitte :
Les tiltres relevez ne font pas le merite,
Les vrays biens ne sont pas d'estre appelé marquis,
Jouir de ses amours, manger les mets exquis
Qui furent figurez par les dous fruicts des lottes;
Il faut purger son ame, et la tirer des crottes,
Il la faut dégager des terrestres objects,
Pour sa condition trop vils et trop abjects.
Puisque Dieu l'a souflée, elle est toute divine,
Elle doit donc sentir l'air de cette origine,

Et le musc et le myr de la bouche de Dieu;
Elle ne doit agir que dans ce beau milieu,
Tant cerché, tant chery de la philosophie,
Qui fait durer les bons en dépit de l'envie.
Il s'en faut retourner d'où nous sommes venus :
Les riches laisseront leurs amples revenus,
Leurs palais, leurs thresors, leur vanité, leur gloire,
Et les pauvres aux cieux le nectar iront boire.
      MONSIEUR, obligez moy que je vous die encor
Que tout ce qui esclate et qui luit n'est pas or;
Ne boivez pas l'erreur du commun populaire,
N'écoutez les flatteurs qui ne visent qu'à plaire :
Ce discours n'est pas sain, qui dit que le bon heur
Consiste à posseder richesses et honneur,
Estre mignon des roys, avoir des advantages;
Ceux là tant seulement sont heureux qui sont sages,
Qui observent les loix, qui ayment verité,
Qui envers le prochain brulent de charité,
Et qui sans passion nomment prochains tous hommes,
Soient Gascons, Angevins, ou du païs des pommes,
Chynois, Italiens, Turcs, Mores ou Romains,
Qui comme bons chrestiens sont courtois et humains,
Qui pour rien ne voudroient faire tort à personne,
Non pas mesme voler l'argent de la Couronne,
Comme ceux qu'aujourd'huy l'on nomme beaus esprits,
Fussent-ils asseurez de n'y estre surpris;
Qui sont bons conseillers, bons tuteurs, bons arbitres;

Qui en ces mauvais temps reffuseroient des mytres;
Dont l'esprit genereux est taint en pieté;
Qui ne fondent l'honneur que sur l'humilité,
Et, bien qu'ils soient yssus d'une tres-noble race,
Ne méprisent pourtant les confreres d'Horace,
Sçachans que bons chevaux naissent de tous haras,
Que parmy les vilains y a de bons soldats,
Dont par aprés se font de braves capitaines;
Preferent à leur sang les opinions saines;
Fermes en leurs propos, non ainsi que vous faints,
Que certains jours de l'an on prendroit pour des saincts,
Avec vostre façon tristement composée,
Un langage qui tombe aussi doux que rozée,
Qui vous insinuez dedans les volontez,
Sous modeste semblant qui estes effrontez,
Des couleurs de vertu qui habillez le vice,
Qui marquez l'equinoxe au vray point du solstice,
Qui parlez autrement que vous n'avez pensé,
Qui pour tirer proffit vendez un trespassé,
Qui aprouvez l'honneste et visez à l'utile.
Je voudrois bien sur vous verser toute ma bile,
Pour vous faire cognoistre ennemis du devoir;
Sur ma foy, je voudrois que mon papier fut noir,
Aussi bien que mon encre, affin de vous depeindre:
Le noir est la couleur dont le vice il faut teindre;
Couleur d'hypocrisie à qui la clarté nuit,
Qui ne hait que le jour et n'ayme que la nuit,

Qui frequente l'eglise, où elle oit tant de messes,
Et, quand se vient au point, ne tient pas ses promesses;
Qui se moque de Dieu, des anges et des saincts,
Sinon en tant qu'ils font reussir ses desseins.

    Nous n'aurions jamais fait, Muse, ployons nos voiles.
Il seroit plus aisé de conter les estoiles,
Les mouches amasser au son d'un clair bassin,
Que de penser icy, comme un bon medecin,
Tous les facheux effects de l'humaine bestise.
Robin, qui à toute heure est debout à l'eglise,
D'un des ordres sacrez de freres mandians,
A la cour du Palais, ou aux comedians,
Qui est assez beau gars pour passer à la montre,
Qui, comme le soleil, en tout lieu se rencontre,
Meriteroit bien seul un poëme nouveau;
Mais ce n'est pas mon fait de travailler en veau.

L'EVESQUE DE CHARTRES

SATYRE VII

S'IL a esté permis à deux sortes de gens,
Pour tousjours se monstrer à plaire diligens,
En exerçant leur art tout subject entreprendre,
Qui est ce qui pourra justement me reprendre
Si, observant les loix de la discretion,
Je peins icy l'estat de la RELIGION,
Deplorant ses abus, et de quelle licence
Un chacun en nos jours se forme une creance,
Dispute hardiment, et fait de l'entendu?
Si Dieu n'y met la main, PRELAT, tout est perdu.
C'est chose deplorable en ce pauvre royaume,
Auquel il n'y a plus ny Gautier ny Guillaume
Qui ne lise la Bible et face jugement
De ce qui est escrit au nouveau Testament,
Qui ne cite S. Jean dans son Apocalypse,
Plus sçavant à son goust que ne fut jamais Lypse;

Encores qu'il n'ait onc payé, comme l'on dit,
Dans l'Université chandelles ny landit,
Il a du S. Esprit si pleine la poictrine
Qu'il n'a pas de besoin de l'humaine doctrine;
Pour mieux interpreter les livres qu'il a leus,
Il luy suffit qu'il soit du nombre des esleus
Et des predestinez : voila où nous en sommes.
L'humilité n'est plus dedans le cœur des hommes,
Mais la presomption s'est logée en son lieu,
Qui s'adore soy mesme aprés adore Dieu;
Chaque particulier se croit estre un concile,
Et puis, à la parfin, tous chemins vont à ville :
Les uns sont les plus longs, les autres les plus cours.
C'est de ceste saison de plus communs discours,
Qui fut premierement introduit par Symmaque,
Disputant contre Ambroise : un party, l'autre attaque.
Où est cette unité qui fut au tens jadis?
S. Pierre n'a plus seul la clef de paradis;
On y a fait bastir, comme à Thebes, cent portes
De bronze jaunissant, affin qu'elles soient fortes;
Elles ont pris leurs noms des divers noms de ceux
Qui aux religions se sont rendus fameux.
Dans celle de Calvin on voit, de plusieurs mondes,
Les ames des mortels entrer à grosses ondes.
Dans celle de Martyr et du docte Luter,
Qui furent tous les deux si bons à disputer,
On passe maintenant avec tant de malaize

Que le reflux en va dedans celle de Baize,
Leur plus proche voisin; et sont dessus plantez,
En relief azuré, ces hommes tant vantez.
Mais il est tout certain que dans celle de Rome
On n'y voit presque plus entrer femme ny homme.
Croyez en ces porteurs qui en sont revenus,
Ausquels ne manque rien que ces beaux revenus
Qui ont esté donnez à l'Eglise Romaine,
Car que sert le caquet à qui n'a du domaine?
Si un homme n'est riche et n'a fort bien de quoy,
Jamais à ce qu'il dit on n'adjoutera foy.
En la religion où se chante la messe,
Si de sa verité n'est preuvé sa richesse,
S'en est à tout le moins un tres-bel argument,
Un appuy gracieux et utile ornement.
S'ils demandoient partage, ils l'obtiendroint peut estre.
Feroit il pas bon voir un ministre et un prestre
Vivre d'un benefice avec fidelité,
Garder l'edict qui veut qu'on vive en liberté?
Si la religion va suivant la police,
Si chacun la mesure à l'aune du caprice,
Comme dit un quidam, pourquoy ne feroit-on
Dedans un mesme lieu le presche et le sermon?
Les braves de ce tens ayment l'indifference,
Et croyent pouvoir tout en bonne conscience;
Disent qu'il faut tout voir, ne s'offenser de rien,
Que les religions visent toutes au bien,

Que Dieu, comme un grand roy, nourrit les controverses,
Pour se faire honorer en manieres diverses;
Pourveu que l'on s'accorde au devoir principal
De croire en JESUS CHRIST, qu'il n'y a plus de mal
Pour estre en differend sur quelque point d'histoire,
S'il est ou s'il n'est pas du feu de purgatoire,
S'il faut prier les saincts d'interceder pour nous,
D'autant que le Seigneur en peut estre jalous.
De non: tant seulement l'Eglise est la coulonne
De toute verité, mais aussi qu'en autonne,
La femme estant malade et ne pouvant disner,
On voit son bon mary qui la fait uriner,
Et court au medecin conter sa maladie;
On ne va plus vers elle au fait de l'heresie;
On demande où elle est, et qui en est le chef.
Il seroit de besoin que Jesus derechef
Descendit icy bas pour esclaircir nos doutes,
Et qu'on luy vit d'un mot guerir le mal des goutes:
Encor luy faudroit il un bon certificat
Pour dire que c'est luy. Le monde est delicat,
Deffiant et malin, tellement incredule
Qu'il ne préte plus rien sur la simple cedule;
Il faut un bon notaire et de bons répondans,
Ou qui n'en peut trouver, qu'il garnisse des nans.
Puisque pour croire en Dieu chacun choisit sa forme,
Et que l'on trouve bon qu'en ce point la loy dorme,
Qu'on ne craint pas icy les inquisitions,

Et qu'on dispute fort sur les traditions,
Que le livre est ouvert où le salut se puise,
Et qu'on voit que chacun l'interprete à sa guise,
Estans par ce moyen de nostre sens conduits,
Je vous laisse à penser où nous sommes reduits,
S'il y a pas autant comme il y a de testes
D'opinions, d'erreurs, excitans des tempestes,
Et des brouillars obscurs qui ostent à nos yeux,
Il y a trop long tens, le droict chemin des cieux.
Nostre vie n'est plus qu'un desordre et un schisme,
Chacun à son humeur compose un catechisme.
Telle confusion ne se peut estimer.
Les vers sont trop contrains pour la bien exprimer ;
La prose, qui feconde emplit aussi la marge,
Et qui coule aisément, à ce subject si large
S'accomoderoit mieux, pourveu que l'escrivain
Parlast si à propos que ce ne fut en vain,
Que de son bel ouvrage on vit que les étofes
Fussent les ris et pleurs de ces deux philosofes.
Toutefois, qui pourroit rire de son malheur
Et faire le plaisant au fort de la douleur
Qui semble menacer l'Estat d'une ruine,
Aux hommes clairs-voyans toute proche et voisine ?
« Cela est, il n'est point, si est, non est, tu mens » ;
On en vient aux cousteaus aprés les argumens.
Le peuple tout devot s'enrolle en ceste guerre,
Et, d'un courage égal à celuy de saint Pierre

Quand il coupa l'oreille à ce pauvre Malcus,
Jusques à ce qu'il ait ses ennemis vaincus,
Que le party plus juste ait gaigné la bataille,
Il frappe en s'escrimant et d'estoc et de taille,
Pour tesmoigner son zele et sa sainte fureur,
Et cherche de tuer le mary de sa sœur,
Vrai Horace chrestien, et, si elle le pleure,
Il faudra, comme luy, que du glaive elle meure.
Mais c'est un grand plaisir quand on voit preparé
Un ministre au combat alencontre un curé,
Un evesque affulé, pour un mytre, d'un casque,
Et changer son roquet à un harnois fantasque;
Quand on voit affronter un brave surveillant
Par un grand cordelier qui n'est pas moins vaillant,
Et que l'on recognoist, à ses demarches seures,
Imiter la valeur de Jan des Antomeures.
Voila le champ jonché d'un grand nombre de morts,
Les fleuves pleins de sang vont surpassans leurs bords,
Et prennent sa couleur d'une façon pareille
Qu'un verre à demy d'eau par le vin se vermeille;
La terre nostre mere est le grand eschaufaut
De ce triste spectacle, et jette un cri si haut
Que tout l'air d'alentour, qui souspirant l'entonne,
Pour le porter au ciel fait comme quand il tonne.
Faut il panser les corps, et ce sont les esprits
Qui sont de nostre mal cruellement espris,
Du mal de l'heresie; et la grace divine,

Non les efforts humains, en sont la medecine.
Les meurtres et les cous sont bons à l'augmenter,
Au lieu de la guerir ne font que l'irriter;
Aussi les passions, qui bourrellent nos ames,
De ces conditions nous allument les flames,
Nos interets privez, plus tost que la raison,
Et l'affamé desir de faire sa maison.
Il faut, pour guerroier, avoir quelque pretexte:
Car, comme les regens sçavent gloser un texte
De mots si recherchez qu'il en est obscurcy,
De la RELIGION *les princes sont ainsy;*
C'est l'utile bouchon de leur grande taverne;
Suivant leur appetit le peuple se gouverne,
Fol, sot et ignorant, qui ne voit pas assez,
Et puis à la parfin paie les pots cassez.
Mais il faut tolerer prés de soy l'heretique,
Qui n'est que trop nombreux pour nous faire la nique,
Et qui ne manquera, lors qu'il sera plus fort,
D'essayer par la guerre à vanger un vieus tort;
Ou plustost delaisser ceste querelle d'ames
Au jugement de Dieu qu'aux canons et aux lames,
A la plume, au papier, à l'ancre, au parchemin,
Aux veilles et labeurs de monsieur Bellarmin,
Et du roy des Anglois, si dous et pacifique,
En ses braves escrits, que personne il ne pique.
Si les religions, ainsi que les frimas,
Procedent d'influence et suivent les climas,

Comme on dit qu'un chanoine a mis en sa sagesse,
Pourquoy ne vivons nous en extreme paresse,
Les recevans ainsi que la pluye et le vant,
Et sans se soucier quel bout va le devant ?
Si du pere deffunct, sans cercher davantage,
Le bon fils prend la foy, comme il prend l'heritage,
Si le pur don du Ciel il la faut estimer,
Qui n'est que personnel, nous faut il animer ?
Et avons nous pouvoir, pauvres fols que nous sommes,
D'en faire part à force à tous les autres hommes ?
« Croyez-le, je le veux » : n'est-ce pas bien chanté ?
La Poussiniere luit au plus chaut de l'esté :
Consultons l'almanac, et, si de haute lute
Vous voulez emporter sur moy céte dispute,
Je garderay tousjours en mon entendement
Que vous ne le pouvez sans mon consentement.
Trop libre est mon penser ; mon imaginative
Des volontez d'autruy ne peut estre captive.
Tous les hommes jadis pour leurs commoditez,
Par crainte ou par amour, ont fait des deitez ;
Les rats et les souris ont trouvé reverence
Chez les Ægyptiens, peres de la science ;
La plus part du levant est suppliant encor
Aux beautez du soleil ; Israel au veau d'or,
Delaissant le vray Dieu, fit humbles sacrifices ;
Ingrat et oublieus de ses vieux benefices,
Ils vont d'un brave soin leur salut recherchans

Maintenant, et jamais ne furent si méchans.
Accordez ces deux points : tout le monde estudie,
En quittant son métier à la theologie.
Un petit mercadant, un simple cordonnier,
Ores ont à mépris la foy du charbonnier,
Entendent leur salut, et, faisant leurs traffiques,
En jasent aux chalans qui sont en leurs boutiques.
Conferences par tout, soit de l'autorité
De ceux qui ont pouvoir, ou par temerité.
Sur la RELIGION on cajole, on babille,
Et nous nous arrestons sur le point d'une eguille,
Pour faire bande à part et semer maint escrit,
Et tout cela n'est rien qu'ambition d'esprit.
Du grand livre sacré prenez la moindre page,
Vous trouverez tousjours quelque joly passage
Sur lequel pourra bien un sçavant libertin
Fonder une heresie, en disant qu'au latin,
Au grec et à l'hebreu il y a difference
De parole ou de sens, jettans la deffiance
Dans l'ame du commun, qui aux doctes s'attant,
Et qui prend au besoin tout pour argent contant.
De ces esprits malsains et fantasques cervelles
Sont nez tant de surnoms et de sectes nouvelles.
O! qu'il est malaisé, quand il faut traffiquer
Et avoir pension, d'ainsi sophistiquer!
Le pauvre est inventif, et, d'une humeur maline,
S'offre à tout ce qu'on veut pour bastir sa cuisine.

Il aura composé, dans un mois au plus tart,
Contre la Cour de Rome un volume plein d'art,
Contre les cardinaus et contre les dispences,
Et le taux que l'on met aux sainctes indulgences;
Et puis, pour mettre fin à son fameux escrit,
Monstrera que le Pape est le vray Antechrist.
Voila le mot pour rire, et qui est necessaire
Pour estre promptement payé de son salaire.
Moy qui pour les blasmer m'emploie à ce labeur,
Le seray je du mien, PRELAT, par ta grandeur,
En quelcun de mes fils que je te recommande,
A qui tu peux un jour donner une prebande?
Ne te moque de moy si je suis mandien :
J'imite en ce faisant Homere, gardien,
Prince et patron sacré de nostre poesie.
D'ailleurs, ce que j'en fai n'est que par fantasie.

 Retournons aux propos que nous avons quitez,
Retranchons les abus et partialitez;
N'estoient les passions qui rompent l'assemblée
Par emulation, l'eau n'est point si troublée.
Mais, au lieu de chercher doucement le salut,
Et à la verité regarder pour tout but,
Tousjours devant les gens nous tirons à la gloire
Et bruslons du desir d'emporter la victoire.
Il faut injurier et crier en tous cas,
Pour faire voir qu'ils sont fidelles advocas.
Quand on veut faire accord, il faut que les parties,

Puis qu'elles ont dessein de demeurer amies,
Se rangent à raison au lieu de s'obstiner.
Exemple : nos curez ont un droict de diner
Et de collation aux festes bastonnieres;
Si nous le remettons avecques ces lumieres
Dont le sexe devot éborgne Jean du coin,
Nous ne remettons rien, s'ils ne sont de besoin;
Et, quand nous mangerons de la chair en caresme,
Et du fourmage avec, il en sera de mesme;
L'adversaire content s'obligeroit au lieu,
Ainsi que nous faisons, d'adorer nostre Dieu,
Voire iroit dés demain comme nous à la messe,
Pourveu tant seulement que luy fissions promesse
De reformer son nom et la rebaptiser :
Si peu, pour paix avoir, il ne faut refuser.
Enfin, pour nous tirer de toutes brouilleries,
Nous luy remettrions encor nos confrairies.
Pour en venir à bout, on doit de ces contras
Chasser les descendans des occis à Coutrats,
Ministres appointez et moynes de tout ordre,
Qui sont interessez et ne veulent demordre;
Ces prieurs inutils, qui craignent justement,
Si l'on s'accommodoit, un triste changement.
Gentilshommes, sçavans, gens de jurisprudence,
Les pourroient bien passer avec plus d'apparence;
Ils sont hors de soubçon, et, en sages humains,
Enclineroient tousjours du costé des Romains,

Hors les poincts de la foy permettans d'accortise
Qu'on bannit les abus qui se font en l'Eglise,
Coulez depuis cent ans, les excés et deffaux
Reduisans au milieu. Excusez si je faus;
Une satyre put si elle n'est hagarde;
Au mal desesperé le medecin n'hazarde;
Un jardinier peut bien dire d'aussi bons mos,
Quand il est en humeur, que le prophete Amos.
Je suis homme de paix, d'humeur fort delicate,
Et, comme un chat à l'eau craint de moüiller la pate,
Je crains d'entrer en guerre, et de souïller mes mains
Des meurtres et du sang de mes cousins germains.
Cependant je prevoi que ce vent nous l'amene,
Qui, siflant en courroux, noircit les bords de Séne.
Ce ne sera pas moy qui la commencera,
Ny qui le dur harnois premier endossera.
Deslors comme à present au moins je m'en excuse;
Imitant Archimede au sac de Syracuse,
La mort me trouvera descrivant les malheurs
Qui menacent l'Estat pour nos mauvaises mœurs,
Pour cette liberté mere des heresies,
Qui san dessus dessous tourne les fantaisies.
Ainsi qu'en mesme ruche et mouches et freslons,
Sont parmy nous confus les mauvais et les bons,
Confus d'une façon bizarrement estrange,
Qui m'engendre une peur qu'à la fin ce bon ange,
Qui nous garde si bien, en regardant cela,

S'en estonne, s'en fasche, et puis nous quitte là.
Moy, trop soul d'y penser, je finis ce grimoire,
Et, en attendant mieux, je vay disant que voire.

LE MARQUIS DE LA VIEUVILLE

SATYRE VIII

MARQUIS, *dont les vertus, de longtens admirées,*
Vous briguent les faveurs des autres desirées,
Recevez les tesmoings du grand contentement
Que la France reçoit du rare jugement
Que le juste Loys a fait de vos merites.
On ne veut plus aux porcs jetter les marguerites.
Si ce siecle boiteux vouloit changer de train,
S'il vouloit separer l'ivraye du bon grain,
Si les enfans d'Atlas, aux espaules plus larges,
Pouvoient à l'advenir se promettre les charges,
Si vertu et sçavoir estoient à l'advenir
Aussi bien que l'argent moyens de parvenir,
Si la chance tournoit, si madame Sottise
L'on chassoit de la Cour comme un peteus d'eglise,
Si l'on ne mesuroit l'homme par le collet,
Si ce n'estoit honneur de porter le poulet,

Si faire de ces vers n'estoit pas une tache,
Si le vice esloigné pleuroit comme une vache,
Si les sçavans n'estoient au dessous de l'argent,
S'il n'estoit pas requis, pour estre bon agent,
Avoir de tous costez grandes intelligences;
Si la justice estoit pesée avec balances,
Si la mode n'estoit, pour se monstrer prudent
Et parfaict courtisan, qu'il faut estre impudent
Et pratiquer sur soy tous les charmes d'Alcine,
Se metamorphoser sans prendre medecine;
Si, comme par edict on deffend le clinquant,
Toutes sortes d'estats n'estoient plus à l'encant;
Si l'on n'encherissoit sur la coyonnerie,
Si de goinfres bouffons, n'estoit grand confrairie,
Si aux bons Rochelois y avoit du fiat,
Si tous d'un mesme ton chantoient exaudiat;
Si, pour faire cherir la paix à la noblesse,
On pouvoit contenter tous ceux que le bast blesse;
Si le peuple françois estoit fort bien uni,
Si le plus grand qui peche estoit le plus puni,
Si la rebellion, par commune maxime
Et par raison d'Estat, estoit le plus grand crime,
Pour lequel à mercy jamais homme on ne prit;
Si c'estoit le peché contre le Saint Esprit;
Si les mauvais sujects dont l'ame est saincte et double,
Qui, à les bien priser, ne valent pas un double,
Ne tachoient comme ils font de faire peur au Roy,

Affin qu'il soit contraint de racheter leur foy;
S'il falloit estre expert pour estre capitaine,
Si on les censuroit, ces chefs, à la douzaine,
Ces avortons de Mars, qui, en nos mouvemens,
Ne veulent point marcher s'ils n'ont des regimens,
Qui, avec leurs soudars exposez au carnage,
En jeunes medecins font leur apprentissage;
Si la guerre n'estoit un moyen de voler
Sans ailes et sans plume, on n'y voudroit aller;
Si bien courir la poule et manger le bon homme,
Brusler et violer, n'estoient faicts de preud'homme,
O! qu'ils seroient camus, la pluspart des François,
Quand se viendroit au poinct d'endosser le harnois!
Ma foy, ils se tiendroient chez eux, cette canaille,
Ou je veux qu'on me croye un sot en devinaille.
Maintenant que l'esprit va les pieds contre mont,
Que tout le monde jure au curé de Milmont,
Qui à callifourchons est souvent sur les poles,
Il est bien ahanné d'en conter des plus molles;
Puis qu'il revient du Ciel, il en doit estre cru.
On mesprise un discours qui est de nostre cru,
C'est au Ciel qu'on apprend les meilleures nouvelles :
On void sus son azur si les vignes sont belles,
Si ceste fille un jour trouvera bon party;
Un fin homme en vaut deux, quand il est adverty;
Il est bon de sçavoir déguiser la matiere,
Et dire que l'on a couché au cimetiere;

Dans l'histoire romaine on lit, de Scipion,
Qu'il fut au tans jadis un vaillant champion,
Celuy qui merita par son brave courage,
Et pour avoir mis bas la ville de Carthage,
Le surnom d'Affriquain, qu'avant de proposer
Un faict de consequence, il souloit reposer
Une nuict pour le moins dedans le Capitole,
Pour dire, sans parler, qu'il venoit de l'escole
Du sire Juppiter, et que son action
Estoit au bien public une inspiration.
On sçait comment Numa fit ses grandes merveilles.
Le peuple de tout tans se prend par les oreilles.
Pour terminer nos Si, remede est si tardif;
Mais pourtant, si bien tost cet estat maladif
A toutes ses douleurs avec soin ne l'applique,
Il faut desesperer de la chose publique,
Ou chanter comme un Grec, si nous n'eussions esté
Perdus, que nous l'estions; mais la necessité,
A qui mesmes les dieux rendent obeissance,
A forcé le Conseil de faire une ordonnance
Qu'il vous falloit tirer des gardes d'Ecossois,
Pour estre gardien du thresor des François,
Vous cognoissant parfait en l'art d'œconomie,
Joint au brave courage et à la prudhomie;
Cognoissant vostre humeur et vostre esprit brillant,
Semblable à ce dragon qui, jour et nuict veillant,
Gardoit sans clorre l'œil les pommes Hesperides,

Luisantes d'or tout pur, contre les mains avides.
De mesme les Romains tirerent à la Cour
Cest autre qui prenoit plaisir à son labour,
Pour estre dictateur, considerans que Rome,
Au fort de son desastre, avoit besoin d'un homme.
On court au medecin lors qu'on sent la douleur,
On essaye tousjours de pisser son malheur;
Aussi biēn un Estat comme moy, quand je joüe,
Si un saint n'est propice, à quelque autre on se voüe.
Puisque le siecle est d'or, qui d'or est abondant,
On doit bien estimer un superintendant
Qui, fidelle à son Roy, ce noble metal serre,
L'ornement de la paix, le secours de la guerre,
Les nerfs, le sang, le tout : car n'y a que tenir
Que sans or un Estat ne se peut maintenir.
En l'humeur où je suis, j'en dirois davantage,
Si mes vers couloient d'or comme le fleuve Tage,
Ou bien s'il vous plaisoit d'estre mon Mœcenas,
MARQUIS; mais quoy! le monde a perdu son Donas.
On nous croit bien payez quand nostre sausse on gouste :
C'est faute de sçavoir le prix qu'elle nous couste.
Vous oyez ces mignons, par forme de devis,
Ainsi que chez Cormier, en dire leur advis :
Un tel fait assez bien, cestuy là rien qui vaille;
Mais Homere, à leur goust, n'est qu'un homme de paille,
Et eux, si j'en suis creu, ce ne sont que des sots.
Un homme né François, qui n'entend des bons mots,

Quand ils sont bien cousus, la grace et le mystere,
Quelque prelat qu'il soit, c'est à luy de s'en taire.
L'homme n'est ce qu'on voit, il consiste en raison,
Dont le plus vif portraict est la belle oraison.
Et a ce malotru la cervelle moysie,
Qui ses traicts plus naïfs ne marque en poësie.
C'est pourquoy je conclu, sans aller plus avant,
Et puis, si bon luy semble, amis comme devant.
Or, si quelcun vouloit demander pourquoy est ce
Que des poëtes saincts j'exalte la proüesse,
Et si j'oserois bien m'attribuer ce nom,
Je luy satisferois, si je voulois, d'un non :
Il faut d'un importun comme on peut se deffaire,
Mais je ne suis tousjours enclin à satisfaire;
J'ayme mieux le brouiller et tenir en suspens,
J'aimerois mieux plaider et payer les despens.
Autres viendront tous deux, pour sçavoir, de ma Muse,
Nouvelles des amours d'Alphée et d'Arethuse,
D'où elle est, qui elle est; tireurs de vers du nez.
Si cecy vous plaisoit, qu'ils seroient estonnez,
Ces restes de niais, ces beaux faiseurs d'enquestes,
Qui pensent hors Paris qu'il ne croist que des bestes,
Qui le croyent resveurs, non compris Monfaucon,
Parnasse au double chef, Aganippe, Helicon,
Comme si Apollon, avec ses neuf compagnes,
N'avoit pas habité les bois et les campagnes;
Comme si par dépit il refusoit ses rais

Et sa douce influence au joly Thymerais,
Où Diane sa sœur en chassant se pourmene,
Auquel vous possedez un assez beau domene,
D'où vous estes issu du costé maternel!
Il espere de vous un printens eternel
De grace et de faveur, vous estes son Zephire,
De vous depend son bien, car vous n'avez qu'à dire.
A moy pour contenter ceux là qui vont disans
Que je suis tout semblable aux pauvres artisans
Qui offrent leur labeur aux plus grands de la France
Affin d'en retirer plus grande recompense,
Faites les bons devins, en me donnant un jour,
Pour mieux servir le Roy, moyen de vivre en Cour.

A MONSIEUR BOURBON

SATYRE IX

NUL *autre comme vous, si vous vouliez,* BOURBON,
Pourroit noter les mœurs avecques du charbon:
Car en ce beau latin vous egalleriez Perse,
Qui de son style argu les consciences perse
Des grands seigneurs romains, leur donnant des remors,
Sous les noms empruntez d'autres qui estoient mors
Cent ans auparavant. Du prudent satyrique,
Ainsi que du soleil, la carriere est oblique.
Aujourd'huy neantmoins chacun s'en veut mesler;
Icare audacieux veut encore voler
Sur l'aile de ces vers, assez mal emplumée;
Un esprit de haut nez queste la renommée;
Comme un asne au moulin, il s'employe à l'avoir,
Sans mesurer sa force avecque son pouvoir.
Il faut qu'un satyrique evite le scandale,
Qu'il pratique discret la leçon que Dedale
Donnoit à son enfant, et qu'il n'observa pas;

Que son vol moderé n'aille ny haut ny bas.
    Pourveu qu'ils ayent leu les parties d'Astrée,
Ils s'imagineront faire d'une ventrée
Cinq cens vers plus polis, plus nets et plus divins
Que ceux là que Lucain faisoit en ses jardins,
Ou que vous ne feriez, quand vostre riche veine
Jaillit heureusement sur les rives de Seine;
Que ne feroit Malherbe en sa plus belle humeur.
Le sçavoir en nostre ame engendre une tumeur,
L'enfle comme un balon, Charité l'edifie;
Ils n'ont point fait leur cours en la philosophie,
Ils n'ont point leu Virgile, encor moins Ciceron,
Ils ont leu d'Achilles tué par le talon,
Et des sages conseils que luy donnoit sa mere,
Dans Oger le Danois plus tost que dans Homere;
Ils l'ont peut estre leu dedans quelque Amadis.
Je suis bien estonné qui les fait si hardis,
N'ayans jamais soustraict la main à la ferule,
De s'ozer escrimer des armes de Marulle.
Aussi leur advient il comme à ce chevalier
A refformer sa mine et porter le colier,
A Thaïs la converse à porter une cape,
Au jeune Arcadien à trainer une chape,
A l'enroué corbeau chanter en rossignol;
C'est prescher en françois et sentir l'Espagnol.
Ils s'y prennent ainsi que chats à porter mouffles,
A qui n'est cordonnier à juger des pantouffles,

A qui n'est pas guerrier endosser le harnois,
Aux vieillards frequenter les joustes et tournois ;
Et de leurs beaux escrits, qu'on y prenne un peu garde,
Qui en retrancheroit ceste phraze mignarde,
Ces petits mots de Cour jolyment enfilez,
Que le devot Nerveze a jadis compilez,
Et depuis Renouard en sa Metamorphose,
Le reste, à mon advis, ne vaudroit pas grand chose.
Mais, quand ces escrivains cinglent en haute mer,
Et veulent tesmoigner qu'ils sçavent l'Art d'aimer,
Qu'ils ont leu tout Ronsard, et Ovide, et Petrarque,
Dieu sçait à quels perils ils hazardent leur barque,
Et en quelles erreurs s'impliquent leurs esprits,
Quand, aprés un discours de Cephale et Procris,
Ils font une equipée aux Histoires romaines,
Et brouillent hardiment les affaires humaines,
Prenans la Republique, où florirent les loys,
Pour le tans de l'Empire ou pour celuy des roys,
Alleguans Suetone au lieu de Tite Live.
Bref, en tous leurs escrits n'y a ny fond ny rive.
    L'ignorance est aveugle ou elle n'a qu'un œil,
Qui à chaque propos prend Paris pour Corbeil,
Pensant gaigner Calais tire au pays des Basques.
Le monde est vileiné d'opinions fantasques.
Il prendra plus tost goust à ces demy sçavans
Qu'aux doctes qui ont veu la demeure des vans,
Des pluyes, des frimas ; dont la perseverance

Est enfin parvenue au sommet de science,
Qui gist à se montrer benin à l'entretien,
A bien juger de tout, et à ne juger rien
En matiere de foy qui nous est revelée,
Sans demander comment captiver sa pensée ;
Parler et se vêtir comme on fait à Paris,
Voire, s'il est besoin, chanter : Adieu Cloris.
Qui vit jamais amant, à banqueter, à rire,
Aprés dedans son cœur en faire une satyre ?
L'esprit du sage est double et ferme à deux ressorts ;
S'il estoit au dedans tel qu'il est au dehors,
Et s'il ne separoit sa peau de sa chemise,
Il heurteroit le monde et ne seroit de mise.

    C'est dommage que moy qui di la verité,
Qui censure la vie avecque charité,
Qui n'ay intention d'attaquer les personnes,
Ne vai donner advis au gros seigneur d'Alonnes
Que sa façon deplait, qu'on le tient sur les rangs,
Qu'il est trop orgueilleux ; qu'envers Dieu, les plus grands,
Soient ils papes ou roys, ne sont que des pygmées ;
Qu'un bon veneur cognoit le cerf à ses fumées ;
Qu'un ecclesiastic, tant plus se voit haussé
Aux honneurs de son ordre, est tant moins dispensé
De se montrer courtois, humble, doux et honneste ;
Que dessous tout habit on peut faire la beste ;
Qu'il n'est rien estimable, estant en ces bas lieux,
Que la seule vertu, qui fait les hommes dieux ;

Que ceux qui sont chargez de mytres et de crosses,
Qui ont le sceptre en main, pour qui sont les colosses,
Les statuës de bronze et les arcs triumphans,
Qu'on a veu chevaucher les monstreux elephans,
Cæsar, Pyrrhe, Annibal, Scipion, Alexandre,
Seront bien empéchez quand il leur faudra rendre
Conte de tous les maux que leurs soldats ont faict;
L'estat plus relevé n'est pas le plus parfaict;
C'est un present du Ciel que de naistre un pauvre homme,
Vivant de son travail, plus tost qu'un gentil homme,
Que riche, que puissant, en faveur à la Cour,
Si le proverbe est vray, que chacun a son tour.

Il se faut conformer aux vaines apparences,
Et faire à ces Messieurs de grandes reverences;
Il leur faut rire au nez, approuver leurs façons;
Ne les sentez vous plus, en faire des chansons:
Car qu'ils ne pensent pas assujettir nos ames,
Ainsi qu'ils font nos corps, ces subjets d'epigrammes,
Ces mignons, delicats, qui ont tout à souhait.
L'esprit se moque d'eux, et plus fou qui l'en hait.
Il réve, il considere, il remasche, il rumine,
Il controlle l'habit, et la barbe et la mine,
Les craintes, les desseins, la joye et les douleurs,
Et en juge un peu mieux qu'aveugle des couleurs;
Il aime à sindiquer la vanité des hommes,
Il en est plus friand qu'un Normand n'est de pommes.
Tout est de son gibier, c'est un petit Phœbus,

Dont la vive clairté découvre les abus,
Et, parmy leur grand nombre, il s'en trouve d'insignes
Dont l'excés criminel nous fait noircir ces lignes,
Qui produiront leurs fruits en quelques debauchez
Et les retireront de leurs sales pechez,
Paillardize, larcins, jeux, meurtres, tavernage,
Pour voüer aux vertus leur genereux courage;
Imitans en ce point le jeune Polemon,
Lequel, ayant ouy cette belle leçon
Du Grec Xenocratés, touchant la continence,
Avant son dejeuner, n'eut pas la patience,
Pour mieux la repeter, d'aller en sa maison;
Mais, s'advouant vaincu par la droicte raison,
Arracha de son col la couronne etoffée,
Pour luy faire soudain de sa honte un trophée.
D'autres mépriseront nos advertissemens :
BOURBON, autant d'humains, autant de jugemens;
Comme nous les voyons avoir divers visages ;
Les uns, s'il echeoit, voudroient bien estre sages,
D'autres le croyent estre, et ne sont que des fous ;
C'est la lune icy bas vouloir garder des lous,
Et changer en genets les asnes du Bazacle.
Selon Hypocratés, c'est tenter un miracle
Que de penser guerir contre leur volonté
Ceux qui cherissent plus le mal que la santé.
Pour moy, j'estale icy mes drogues, et vous jure
Que qui n'en veut user ne me fait point d'injure.

L'AMOUR

SATYRE X

J'AVOIS bien resolu d'écrire quelque jour
  Un discours satyric touchant le fait d'amour,
Champ fertil à la gloire; et certes je m'estonne
Qu'il n'aye encore esté cultivé de personne.
Peut estre que le Ciel, et nostre bon destin,
Nous avoit reservé ce precieux butin,
D'autant que nous pouvons, de nos seules pensées,
Par le doux souvenir en ce lieu ramassées,
Et sans rien emprunter, dire tout ce qu'il faut.
Celuy qui veut du drap sçait ce que l'aune en vaut;
Ces autres qui ne font que regratter et suivre
Ne doivent esperer aprés la mort de vivre.
Pour moy, je veux puiser de l'eau dedans mon puis,
Et premier faire essay de tout ce que je puis
Que de m'approprier la science voisine
Et les faisans d'autrui rotir en ma cuisine.
Je croy que la douleur, qui mon visage teint,
Demonstre assez le mal dont mon cœur est atteint,

Et que mon corps changé peut fournir de matiere,
Plus que suffisamment, à ma satyre entiere.
J'ay dequoy la bastir à mes propres dépens;
Mais j'ay peur d'offencer celle dont je dépens,
Qui me peut chastier et rendre miserable,
Car le moyen de plaire et d'estre veritable?
MONSIEUR, à qui je fay, par honneur et devoir,
Present de ces miens vers, vous pouvez bien sçavoir
Tout ce que mon esprit conçoit sur ce passage;
Vous avez de longtemps fait vostre apprentissage,
Et le faites encor, en cet art decevant
Où jamais l'homme n'est parfaictement sçavant.
Tousjours il recommence, et la moindre fillette
Peut monstrer au plus fin qu'il n'est qu'un vray caillette,
Le mettre au desespoir et le rendre marry.
Quant il se persuade estre plus favory,
Le voila devalé du plus haut de la roue.
Ce sexe est tout muable, et de nous il se joue
Tout ainsi qu'il luy plaist, et nous le voulons bien.
Bref, amour est un mal que nous appellons bien;
C'est un plaisant erreur, tellement favorable
Que, lors qu'un medecin se monstre secourable,
Nous voulant delivrer par drogues ou discours,
Nous nous mocquons de luy et de tout son secours.
Le tenir bien secret est toute nostre estude,
Ce qui nous fait chercher la triste solitude,
Et les lieux qui ne sont des hommes frequentez,

Des hommes curieux, et fuir les citez,
Pour souspirer à l'aise, et raconter nos peines
Aux arbres, aux rochers et aux claires fontaines,
Comme s'ils n'estoient pas privez de sentiment.
Mais, puis que nous avons perdu le jugement,
Nous faut-il estonner de toutes ces folies?
La tristesse nous plaist, et nos melancholies
Nous aggreent si fort que nous les nourrissons
De pensers affligeans, et que nous haïssons
Les divertissemens et les contes pour rire.
Cet humeur a gaigné le souverain empire,
Dessus nos actions elle donne la loy,
C'est nostre grand seigneur et nostre unique roy.
Nous relevons tous d'elle, et, pour luy faire hommage,
Nous estimons profit ce qui nous est dommage;
Le berger amoureux neglige son troupeau,
L'advocat, pour aymer, ne va plus au barreau,
Le soldat sa valeur eschange en couardise,
Et le jeune marchand en perd sa chalandise,
Devient pauvre, endebté, ne hante plus la mer:
Ce luy est bien assez d'exercer l'art d'aymer.
Il est trop suffisant pour employer tout l'homme,
Si ce n'est à Paris, à Venise ou à Rome,
Où vous les rencontrez ces putains de relés,
Mettant en mesme rang les maistres et valets,
Vuides d'affection comme de conscience,
Dont l'humeur est tousjours dedans l'indifference,

Fors qu'elles sçavent bien caresser les derniers,
Pour desir qu'elles ont d'attraper leurs deniers.
C'est là qu'est leur amour, et, s'il s'en trouvoit une
Qui se voulut resoudre à n'estre pas commune
Et ne fausser sa foy pour un demi escu,
Qui ne tendit plustost les deux mains que le cu,
Qui usast de reffus, qui fit un peu la beste,
Qui exerçast cet art d'une façon honeste,
Qui haist ces deux beaux noms de garce et de bordeau,
Il faudroit l'admirer, car c'est un rare oyseau.
Ainsi, comme des fleurs, les amitiez nouvelles
Au sexe feminin sont tousjours les plus belles;
Et fusse vous, Monsieur, qui donnez pension,
Elle n'aura pour vous aucune passion.
Ne croyez pas changer une loüable mode,
Vous aurez vostre nuit et vostre heure commode;
L'autre temps n'est à vous, elle en disposera
De sorte et tout ainsi que bon luy semblera.
La putain vend le temps, le taille et le mesure,
Semblable au creancier quand il preste à usure;
C'est son fond, son estoffe, et qui dure tousjours,
Dont le long et le lai sont les nuits et les jours.
Vous aurez beau crier contre son inconstance,
C'est vous qui avez tort de prendre pour offence
Les traits de son métier et de son naturel,
Injuste et ignorant disciple du bordel.
Si vous pensez aymer dans la petite ville,

Ou bien à la campagne, o! qu'il faut estre habile,
Si le monde aussi-tost n'entre en grande rumeur,
S'il ne marque vos pas et gloze vostre humeur!
Il veut sçavoir pourquoy vous hantez une telle,
Le pasteur à cent yeux y fait la sentinelle.
Bref, vous serez bien tost matiere du caquet,
L'entrée, le milieu, et la fin du banquet;
Enfin, par un arest de tout le parentage,
Prononcé par celuy qui craint le cocuage,
Vous serez adverty du scandale et du bruit :
Voila de vos travaux le plus asseuré fruit.
La peine que souffroit le malheureux Tantale
Dans le milieu des eaux est à la vostr' égale;
Le regret vous fera tomber en desespoir,
Car vous verrez tousjours, et si n'oseriez voir.
Est-ce pas grand pitié, j'enrage quand j'y pense,
Qu'amour soit fait larcin plustost que recompense?
Que l'air et le soleil, la lune et la clair' eau,
Et tout ce que le monde enferme de plus beau,
A tout le genre humain se preste et communique,
Mais que le seul amour ne soit chose publique,
Qui de nostre pouvoir n'aye pas dependu,
Que hors le mariage il nous soit deffendu
Par la divine loy, qui semble en ce point dure,
Et ne s'accorder pas avec nostre nature,
Encline vers ce sexe enclin aussi vers nous,
Et que ce peché soit si nuisible et si dous?

Dieu n'a pourtant rien fait (tout beau, nostre caprice),
Il n'a rien ordonné sans raison et justice ;
Mais nous sommes conceus dans la corruption,
Qui cause à nostre esprit ceste rebellion,
Et nous ne voulons pas invoquer ceste grace,
Que nostre infirmité si puissamment efface :
Nous ne voulons agir que par l'homme animal,
Ennemy de son bien, curieux de son mal.
Nous aymons mieux courir aprés des femmelettes,
Et consommer nos cœurs de vaines amourettes,
Rêver, maigrir, pallir, et faire icy les fols,
Qu'au devoir principal nous rendre plus devots.
Nous oyons le sermon, nous allons à confesse,
Nous sommes bien vaillans à deffendre la messe ;
Nous sommes en tout temps bien amplement garnis
De crois, de chapelets, et de S. grains benis ;
Nous croyons paradis, enfer et purgatoire ;
Mais, sans rien operer, il nous suffit de croire
Et parler de vertu. Au reste, l'action
Fait peu, ou rien du tout, à la perfection.
Porter habit decent, composer son visage,
Fait juger que l'on est quelque grand personnage.
Si l'on boit, si l'on ayme, ou si l'on rit icy,
Le Ciel n'a pas loisir d'en avoir du soucy.
Voila tout justement le point où nous en sommes.
Ainsi croit, ainsi vist la plus grand part des hommes.
Chacun d'eux est subject à quelque grand peché :

L'un à son avarice a le cœur attaché,
L'autre à l'ambition, et l'autre à son usure;
Mais tous, ou peu s'en faut, s'adonnent à luxure.
C'est le joly peché, c'est le crime d'amour,
C'est la vertu du temps, c'est le jeu de la Cour,
Où monstrer que l'on souffre et qu'on nè l'ose dire,
Que l'on souspire et meurt sous l'amoureux empire,
Que l'on sçait comme il faut servir et bien aimer,
Est un brave moyen de se faire estimer,
D'acquerir de la gloire et de la renommée,
Mais principalement lors que la femme aymée,
Pour sa rare beauté ou son extraction,
Est en quelque dégré de reputation.
Sous ce beau nom d'amour c'est ainsi qu'on déguise,
Et fait on plein métier d'infame paillardise.
Le meurtrier où larron tient son crime caché,
L'amoureux oze bien raconter son peché.
Faire des gens cocus sont actes heroïques,
Dignes d'estre couchez és nouvelles chroniques;
Se rendre possesseur d'une jeune beauté,
Rompre avec des souspirs un roc de chasteté,
L'amolir, le plier avec humbles requestes,
Egale d'un Cæsar les fameuses conquestes.
Quiconque ayme vrayement prefere les faveurs
De la dame qu'il sert à toutes les grandeurs.
Pourveu tant seulement qu'en sa perseverance
Il ose concevoir un' once d'esperance,

Le voila si content qu'en l'attente du bien
Qu'il possede en esprit, il ne souhaite rien,
S'imaginant en luy toutes les autres choses,
Pour grandes qu'elles soient, heureusement encloses.
C'est, à dire le vray, la fin de ses plaisirs,
Le centre de ses vœux, le blanc de ses desirs;
C'est sa religion; il n'a l'ame saisie
Que de l'humble respect de ceste fantaisie,
Qui l'a fait Dom Guichot, oubliant sa maison,
Et a sillé les yeux de sa droite raison;
De sorte qu'il resout, d'une humeur obstinée,
De n'estimer plus rien au prix de Dolcinée.
Il croit qu'en son amour soit le vray paradis,
Et a pour fondement l'histoire d'Amadis,
Dont le meilleur presage et les preuves certaines
Sont les contentemens qu'il reçoit en ses peines.
Qu'il est aveugle et sot, qu'il est fol, l'amoureux,
De souffrir tant de mal et s'oser dire heureux,
D'honorer son tourment, de cherir son martyre!
Je n'ay peu me tenir d'en faire une satyre.

L'ARGENT.

SATYRE XI

A PROPOS *de vertu, t'avois je pas bien dit*
Qu'elle n'estoit de mise en ce siecle maudit,
Que c'estoit un manteau dont l'hipocrite couvre,
Aussi bien au Palais comme à la Cour du Louvre,
Au plus sainct lieu du temple, au milieu du marché,
Avec un teint blaffart, son crime et son peché?
L'argent a pris sa place et gouverne le monde;
Quiconque faict dessein, sur l'argent il se fonde;
Le marchand n'oseroit ses navires armer,
Et, content de son peu, ne monteroit sur mer;
Mais il en veut avoir, et prefere à sa vie
Son furieux desir et son avare envie.
La vertu suit l'argent en ordre de raison.
Il faut, comment que soit, faire bonne maison,
Avoir du revenu pour tenir bonne table,
Et s'acquerir enfin le nom de venerable.
Si la table ne va, fussiez vous potestat,
Fussiez vous duc et pair, on n'en fait point d'estat:

Si vous doutez pourquoy ce mystere je touche,
C'est que souvent le cœur se gaigne par la bouche.
Sans argent on ne peut dresser un bon festin,
Sans argent on ne peut s'habiller de satin,
Faire le beau garçon et en tout lieu paroistre;
L'apprentif, sans argent, ne peut se passer maistre.
Sans argent on ne peut payer un bon escot,
Un homme est ignorant, et, fusse Jean l'Escot,
On ne croira jamais qu'il ait la prud'hommie.
Il se peut asseurer qu'il n'aura belle amie,
Qu'il n'aura femme riche; il faut avoir du bien.
En fait de mariage, on demande combien
Dés le commencement; s'il est sçavant ou beste;
S'il est beau, s'il est bon, c'est la derniere enqueste.
L'argent donne les mœurs, la grace et la façon;
Tout le reste sans luy ne sert d'une chanson.
L'argent, dans le trafic, toute chose accommode;
C'est ce mont heroïc dont parloit Hesiode.
Le plaideur, quoy qu'il soit actif et diligent,
S'il n'a dequoy payer les recors et sergent,
Procureur, advocat, de tant de longs services,
Il est bien en hazard de rendre les épices.
Qui pour lever soldats a la commission
Doit de ce bon metal faire provision,
Ou ne doit esperer qu'avoir perdu sa peine,
Car il demeurera soldat et capitaine.
L'argent fait le party; selon l'appointement,

Il est bon ou mauvais, et non pas autrement.
Le devoir est à prix, et la foy s'abandonne,
Comme quelque putain, à cil qui plus luy donne.
On ne vous donne rien, messieurs les financiers,
De l'Estat ruiné debteurs et creanciers;
Vous ne prenez jamais, il n'est tel que de prendre.
Si le cas y eschet, on est quitte pour rendre.
Si les edicts sont durs, les juges sont humains,
Qui pourront declarer innocentes vos mains,
En rendant à Cæsar son or et sa monnoye.
Pourquoy, en la plumant, faisiez-vous crier l'oye?
La paillardise regne aux esprits et aux corps;
A l'empire d'argent se rangent les accors.
Enfin l'argent peut tout : les batailles rangées,
Et le canon qui bat les villes assiegées,
Le plus souvent ne sont qu'instrumens inutils;
Mais la pecune agit par moyens si subtils,
Si doux et si certains, que les villes plus fortes
Croient se faire honneur en luy ouvrant leurs portes,
De la mesme façon qu'appaisant sa rigueur,
A cete pluye d'or Danaé ouvrit son cœur.
Or et argent sont un, selon nostre logique,
De cet aveugle amour la bonne rethorique
Et les vrays medecins : car ce sont les escus,
Plustost que les discours, qui font les gens cocus.
Un coquin fera plus moyennant trois pistoles
Qu'un poëte du temps d'un milier de paroles,

Voire de tout un livre, et fut il un Ronsard.
Donner, en fait d'amour, c'est la finesse et l'art.
On ne fait rien pour rien, toute chose s'eschange
Pour les necessitez, car l'homme n'est pas ange;
Il boit, mange et se vest; tandis qu'il est icy,
Son corps est en sueur et son ame en soucy.
Tant plus il est grizon, et tant plus il travaille,
Foible, froid, et peureux que terre ne luy faille.
Si vous manquez d'argent quand vous serez là bas,
Charon le nautonnier ne vous passera pas :
Il veut estre avant main payé de son salaire.
On ne meurt plus gratis; on marchande au vicaire
Le convoy, le service, et pour tant d'oraisons;
Et tout cela se faict avec bonnes raisons :
Car, cependant qu'on fait son devoir à l'eglise,
Le soleil fait sa course, et l'appetit s'aiguise.
Mais, afin que ce point je rime tout entier,
Chacun doit, comme on dit, vivre de son métier.
Les dieux vivoient du leur jadis au Capitole,
Le senat ne prioit de la simple parole,
Une somme d'argent il souloit presenter,
Pour la rendre agreable au sire Juppiter.
Hier je lisois cela dans un vieux satyrique.
Si vous ne le croyez, vous n'estes heretique.
Pour moy, je le croy bien, puis qu'il est imprimé,
Et fait voir que l'argent fut des Romains aymé
Autant qu'il est de nous, joint que, dans leurs comices,

Il asseuroit les voix et donnoit les offices.
En France tout de mesme, où, par droits annuels,
Comme un bel heritage ils sont perpetuels.
La femme ne craint plus du trespas la fortune,
Les effects du serain, ny du clair de la lune.
Qui voudroit de l'argent raconter le pouvoir
Et toutes les vertus, il en faudroit avoir,
Dit le pere aux escus, selon ma fantaisie,
Aussi bien qu'Appollon dicte la poesie.

LIVRE SECOND

—

A LA ROYNE

SATYRE I

POETE *devenu, je ne veux rien, sinon*
A ce commencement celer un peu mon nom,
Affin de mieux sentir ce que l'on pourra dire,
Soit en bien, soit en mal, du train de ma satyre.
Je serai satisfait si l'on en dit du bien;
Si l'on en dit du mal, je ne respondrai rien,
Pource que je cognoi qu'en matiere de livres
Les gousts sont differens, aussi bien comme aux vivres.
L'un veut un style haut, et l'autre un style bas,
Les oreilles du tans recherchent les appas.
On ne pourroit fournir aux humaines delices,
Quand on auroit Phœbus et les neuf Sœurs propices.
L'appetit se promene, et vouloir empescher

D'en dire son advis, ce seroit trop pecher.
Pour moy, je tens le dos à toute reprimande,
Et, si j'ay fait le sot, j'en veux payer l'amende.
    MADAME, c'est à vous, à qui tres-humblement
S'offre ce mien discours, d'en faire jugement ;
Qui reglez vos desirs, et n'estes affamée
De rien tant que d'honneur et bonne renommée ;
Qui les perles et l'or n'estimez un fétu,
A qui l'argent est vil auprés de la vertu.
Je vous donne ces vers, à cause de leur tiltre,
Aprés que dans mon cœur j'en ay tenu chapitre :
Car l'honneur aprés Dieu, de mesme que la foy,
Puis qu'il faut parler clerc, sont deus à nostre Roy :
A vous par consequent, qui estes sa compagne,
Née pour nostre bien dans les terres d'Espagne.
Je serois trop ingrat à mes affections,
Si je ne tesmoignois par quelques actions,
REINE, des bons François agreable delice,
Mon zele raisonnable à vous faire service.
Je n'ay, quant à present, rien de plus precieux.
L'honneur est cet encens qu'on jette au nez des dieux ;
L'honneur est l'aliment des races genereuses,
Le cœleste loyer des ames bien heureuses :
Car les esleus là haut seront autant de roys,
Voire eussent ils esté Lazares autrefois,
Ou ce que l'on appelle au monde la canaille.
C'est l'estrange revers de la grande medaille.

L'honneur est ce demon qu'adoroient les Cæsars,
Pompées, Scipions, meprisans les hazars;
C'est le bien qu'il s'achete au prix de nostre vie,
C'est l'object déplaisant de la maline envie;
C'est un subject qui est, et jamais ne se voit,
La chymere pour qui Dom Guichote resvoit,
Et les vieux chevaliers de cette Table ronde,
Pour qui ces paladins erroient par tout le monde;
C'est ce que chacun croit, et peut estre qui n'est,
Qui en comparaison passe tout interest
De bource et de plaisir; un fantastic idole,
Qui en leur pauvreté les pauvres gens console
D'un doux imaginer : au milieu du malheur,
Vous les oyez criër : « Nous sommes gens d'honneur! »
C'est la splendeur qui fait reluire les familles,
C'est cette belle fleur que l'on recherche aux filles.
Chose vile à vos yeux je n'aurois presenté;
Mon plaisir est de plaire à Vostre Majesté;
Et croy que peu donner à la reine de France,
C'est le peché mortel en fait de bien seance.
L'honneur est ce morceau plaisant et delicat
Pour lequel un marchand fait son fils advocat,
Et de là conseiller, s'il a de la monnoye :
Il est par ce moyen de sa mere la joye,
De toute la maison, jusque au chien et au chat;
Et, s'il est secretaire, il ne paye rachat
De tous fiefs qu'il acquiert, relevans du royaume.

L'honneur des beaus esprits est le musc et le baume.
MADAME, c'est l'odeur qui suit vos actions,
Quoy que l'erreur le fonde en nos opinions,
Et que selon son sens un chacun l'establisse,
Affin que son desir à l'aise s'accomplisse.
Il veut bien en ce point tromper son jugement;
Pourveu qu'on se contente, il n'importe comment.
Sage est qui dextrement ses notions divise,
Ou n'a dedans l'esprit que trois grains de sottise :
És affaires d'Estat il ne süe d'ahan,
Il parle comme il faut des armes de Rohan;
Papiste ou parpaillot, sans faire difference,
Conclud qu'on doit aux rois la pure obeïssance.
L'honneur est un vieux saint qu'on chŏme tous les jours,
C'est l'idole regnant en l'empire d'amours,
Qui embrouille à tous coups l'humaine fantasie
De ce fascheus poison qu'on nomme jalousie,
Qui luy fait concevoir des monstres inconus,
Qui fait voir à Macé des hommes tous cornus,
Qui luy ressemblent tant qu'il ne se peut resoudre
Que fourrer à ce trou, ny quelle piece coudre;
Le pauvre miserable! il est bien empeché.
Il croit qu'estre cocu c'est le plus grand peché,
Soit il vray, soit il faux, et, sur cette creance,
Il en bat sa poictrine et en faict penitence;
Il croit, si quelcun rit, qu'il se mocque de luy,
Que son heur et malheur depend du fait d'autruy.

Si fait bien ce monsieur, qui les esprits assomme,
Quand il dit si souvent qu'il est bien gentilhomme,
Filant un long discours sur son extraction;
Au surplus, fait la figue à la belle action.
Les faits plus glorieus de son pere il s'applique:
Voila comment l'honneur cet importun explique,
L'interprete et le loge, ainsi qu'un bon fourrier.
Il vaudroit beaucoup mieux n'estre que roturier
Que de ces vanitez avoir l'ame bouffie.
La chair ne sert de rien, mais l'esprit vivifie.
L'homme estant icy bas, ce dit le vieux Alain,
Par vice ou par vertu se fait noble ou vilain.
Au monde et à la Cour, c'est parler en novice,
Où le vice est vertu et la vertu est vice.
L'autre dit qu'honneur gist à paroistre sçavant,
Et l'homme ambitieus à marcher le devant
Et avoir en tous lieux la premiere seance;
Mais l'avaricieux le met en abondance
D'escus, possessions, et de gros revenus;
L'amoureux dit qu'il est au plaisir de Venus,
A se faire estimer par de grandes métresses,
A domter la rigueur de ces rares Lucreces,
D'autant que la vertu n'est sans difficulté;
Madamoiselle croit qu'il consiste en beauté:
Son ame s'esjouit, quand elle est bien parée,
Quand pour elle les yeux vont à la picorée,
Quand elle plait à tous, quand son mary a pœur

Qu'un brave courtizan ne lui gaigne le cœur :
Car c'est le droict du jeu que les plus curieuses,
En donnant de l'amour, deviennent amoureuses.
Le Chevalier françois le pose en certain point
Qui des moins insolens la conscience point :
Si de la moindre injure ils ont quelque scrupule,
Ny les édicts du Roy, ny du Pape la bule,
Les pourront empescher d'en demander raison :
Il se faut éclaircir d'un ouy ou d'un non.
Ils envoyent là bas dans le Cocyte boire
Leur ame, et à main gauche ils laissent purgatoire.
Le bigot, c'est pitié, soustient, par ses raisons,
Que tout l'honneur depend d'un nombre d'oraisons,
Et que c'est bien assez d'adorer Dieu de bouche ;
Sa paresseuse main seulement son nez mouche.
Il ne recognoit pas qu'il a l'esprit démis,
Il s'imagine avoir tous les saints pour amis ;
S'il marie un enfant, cet homme de negoce,
Il les feroit prier volontiers de la nopce ;
Il se mesle de tout, son regne est aujourd'huy,
Au ciel est son traffic, et la terre est à luy.
De ce mignon de Dieu la posture est estrange,
Les façons, les propos ; il a le brevet d'ange.
Le voir parler de guerre au milieu d'un conseil,
Ce sot est à mes yeux eclypse de soleil,
Horreur à mon esprit, effroy dans mon courage ;
Il ne respire rien que sang et que carnage.

Chacun court à l'honneur, mais par chemins divers :
Les uns sont plus cachez, les autres plus ouvers.
Diogene et Platon, si leur vie on contemple,
Democrit, Heraclyt, nous serviront d'exemple.
Tel voudroit estre en haut, qui porte l'œil en bas.
Le sage sçait frapper où il ne vise pas,
Semblable au battelier qui, en suivant l'usage,
Vers les lieux desirez ne tourne le visage :
Il y parvient pourtant à force d'avirons,
Ainsi qu'une escrevice allant à reculons.
O ! combien y a t'il parmy nous d'escrevices,
A qui l'on fait present d'estats de benefices,
Sous ombre que l'on croit qu'ils n'en font point de cas,
Et qu'ils auront trouvé ce qu'ils ne cerchoient pas :
Ces tristes marmiteux, confreres de lippée,
Qui les foibles esprits prennent à la pipée,
Moutons par le dehors, et au dedans des loups,
De richesses, d'honneurs, jamais ny las, ny souls !
L'habit trompe les gens, et souvent un cilice,
Aussi bien qu'un manteau, est fourré de malice.
De vanité, d'orgueil, il n'est profession
Qui oze se vanter d'estre sans passion.
Les dieux disputoient bien les premiers rangs à table.
Toute la Cour de France aspire à connestable.
Ver, Vic, Martin, Mangot, ainsi comme ruisseaus,
Au Chancelier leur source ont reporté les seaus.
La mort à ces messieurs en a bien baillé d'une ;

Elle fait les grands coups au jeu de la Fortune,
Elle darde ses traicts au soir et au matin :
C'est le grand instrument de monsieur le Destin.
Qui la sçauroit prevoir avec des ephemeres,
En saison opportune il feroit ses affaires,
Il pourroit eviter maintes calamitez ;
Ses dessains et projects se verroient limitez
A la fin de sa vie ; il n'espouseroit femme,
Qu'il ne sceut le moment qu'elle rendroit son ame ;
Se mariroit sans cesse, et si feroit estat
De ne prendre jamais la fille sans l'estat.
Que d'estats, que d'honneurs, et combien d'epitafes,
Autant ou environ qu'au droict de paragrafes,
En quatorze ou quinze ans ! et, si nous croyons tous
Ce qu'un Espagnol dit, qu'il n'est rien de si dous,
Meslé parmy l'amer de l'importun mesnage,
Que l'espoir de gouster quelque jour du veufvage,
Qui pourroit concevoir les grands contentemens
Qu'heureux il recevroit de tous ces changemens ?
Un grand amy de Christ, S. Jean le bon apostre,
Enfile jolyment en une patinostre
Le plaisir, la richesse, et cette vanité
Dont l'esprit des humains est ainsi transporté ;
Ce sont les trois objects à qui sans plus le monde,
Qui de soins, de malheurs et de malice abonde,
Fait ses devotions, ingrat et oublieux
De l'honneur, du respect qu'il doit au Dieu des dieux.

Car honneur à Dieu seul, au seul Seigneur hommage,
Au Roy de France aprés, son plus parfaict image.
Celuy que les petits, soit par force ou par art,
Veulent s'attribuer, est un enfant bastart,
Un faux germe, un fantosme et une vaine gloire.
Un sot pourtant se plaint qu'on ne le vend en foire,
Qu'il seroit bien content d'y mettre ses deniers,
Et qu'il en rempliroit sa cave et ses greniers.
Pour la vraye Junon il embrasse la nuë,
Il s'impute à vertu quand quelcun le saluë.
Il s'en flatte, il s'en aime, et croit estre quelcun.
Selon son propre sens se gouverne un chacun.
Luy allegassiez vous la Genese et l'Exode,
Il ne refformera son train ny sa methode,
Et c'est un grand hazard, à la fin du sermon,
Si vous n'estes payé d'un : « c'est bien dit, c'est mon »,
D'un : « Je le croirés bien », d'injures, s'il arrive.
A laver teste d'asne on y perd sa lescive;
C'est au fond de la mer rechercher des moissons,
C'est pescher dedans l'air les humides poissons,
Et c'est avec les dens vouloir prendre la lune,
C'est la rare vertu vouloir rendre commune.
Marguerites jetter on ne doit aux pourceaux;
Quand tout le genre humain mourroit à grands monceaux,
Si le mal trop puissant se moque du remede,
Le docte Hyprocratés veut que son art luy cede.
Il faut en tous endroicts son honneur conserver.

Ma Muse, je lè sens, ne faict plus que rêver;
Ma veine se tarit, mes rimes se font dures;
Et, quand le latin faut, on en vient aux injures.
En parlant à la REYNE il faut estre discret.
Volontiers un resveur conteroit son secret,
Et le secret d'autruy, les vertus et les vices.
Ses sens ny ses esprits ne font plus leurs offices.
Avant que mon humeur ait pris le mors aux dens,
Qui pourroit n'espargner princes ny presidens,
Voire, s'il s'adonnoit, drapper les gens d'Eglise,
Je finis ce discours, de peur d'une sottise :
Car il ne faut jamais estre trop soucieux,
Ny causer librement de ce que font les dieux.
N'en déplaise aux frians de la haute censure,
Qui chassent à l'honneur dans le champ de l'injure,
Et couchent tous les grands en leur papier journal,
Affin d'avoir seance au banc de Juvenal,
Et enfin, s'ils ozoient, porter son nom et armes :
Aussi bien, comme moy, ce sont de bons gendarmes
Et de bons zelateurs de la perfection.
Si j'avois seulement la benediction
De vostre Majesté, PRINCESSE liberale,
Ou qu'on vescut de chant, comme fait la cigale,
Ma foy, je chanterois à la belle saison;
Mais j'ay, l'esprit brouillé du soing de ma maison,
De payer une rente au terme qu'elle expire,
Ce qui fait qu'à toute heure il n'a pas faim de rire.

A MONSIEUR FRERE DU ROY

SATYRE II

Qui est cest importun qui, se donnant la voix,
S'est ozé baptiser l'Aristarque françois,
Aux despens de Renier, à nostre prejudice,
Qui dispute la gloire au mary d'Euridice,
Hormis que ses beaux chants n'animent les rochers,
Et que ses jolis vers ne sont pas beaucoup chers,
Car ils ne coustent rien que six blancs le volume?
Mais sur tout il en veut au tiltre specieux,
Il croyoit qu'au dedans tout y fut precieux,
Qu'il ne contient en soy chose qui fut commune,
Que ce fust un present de la bonne fortune,
Qu'il fist la mouë à Perse, Horace et Juvenal;
Il craignoit de pecher en le rendant venal :
Car ce qui est sacré sans nulle controverse
N'est plus des biens humains et ne tombe en commerce.
Voyant que ce livret n'est de nul marchandé,
Que comme auparavant il est achalandé,
Il deteste l'auteur, il hait le caractere,

Plus que la vieille Anés ne craint le commissaire,
Plus qu'un pauvre curé ne hait un faux dismeur.
C'est exemple, MONSIEUR, a refroidy l'humeur
En laquelle j'estois de faire des satyres;
La faveur et le bruict sont les plus doux zephires
Qui à nos actions donnent le mouvement;
Aprés tant de travaux c'est nostre payement.
Mais, quand le tans ne veut non plus lire nos carmes
Qu'un riche paysan voir chez soy les gendarmes,
Un noble des sergeans; quand nos doctes escrits
Ne sont pas des ragousts aux delicats esprits,
O! que nous sommes sots, et que la riche Muse,
Qui nous inspiroit lors, trouve qu'elle est camuse!
    Que sert de le celer? ce que je fais icy
N'est que pour tesmoigner que je suis en soucy
De vos deportemens et de vos exercices;
Si toutes les vertus ne sont pas vos delices,
Si vostre ame royale abhorre le peché,
Si, quand le soleil luit et quand il est couché,
En tout tans, en tout lieu, si vostre cœur souspire,
Gros de tenir un jour les resnes d'un empire,
De paroistre un Achille entre tous les guerriers,
Et de se voir le front couronné de lauriers.
Pour apprendre l'honneur vous avez de grands maistres,
Et d'assez bons regens, vos glorieux ancestres.
HENRY LE GRAND tout seul, dont vous estes enfant,
La perle de nos roys, ce prince triomphant,

Peut de ses hauts exploits, dont l'histoire est remplie,
Rendre vostre jeunesse en tout bien accomplie,
Si, esloignant de vous toute presomption,
La gangrene de l'ame et la corruption,
Comme de beaux patrons vous les voulez ensuivre,
Et les estudier, car c'est le meilleur livre.
Nostre bon roy Louys est encor un miroir
Sur la glace duquel surnage le devoir,
L'honneur, la pieté, la justice et la gloire ;
Vous serez tout parfait si vous le voulez croire :
L'idée des vertus, et la forme des loix.
Sous son regne pourtant les bizarres François,
O Dieu! quelle pitié! ne changent leurs coustumes,
Et pour cette raison ils craignent tant nos plumes,
Qui censurent le vice en toute liberté,
Qui osent sans rougir dire la verité.
Ils les craignent autant que des larrons les juges,
Les paillards de revoir encores les deluges,
Les petits escoliers de rendre leur leçon,
Et moy mon creancier Philippe d'Arançon.

   Nos vers sont des sermons, et, ne vous en deplaise,
Vous qui en sçavez plus que les livres de Blaize,
Scolastics entestés d'un diable de latin,
Qui dictes qu'en hebreu poëte est un lutin,
C'est un brave sermon qu'une juste satyre,
Qui les mord en riant et les pince sans rire,
Ces jeunes debauchez, ces pilliers de bordeaux,

Qui marchent en plein jour avecque des flambeaux,
Qui apprennent trop tard les regles du ménage,
Qui durant les accords mangent leur mariage;
Ces bourgeoises qui font leur Dieu de leurs habis,
De qui les belles mains eclattent de rubis,
Qui tentent nos devots; dont les appas estranges
Font crier les plus saints qu'ils ne sont pas des anges;
Fleaux de bons maris, ruines des maisons,
A qui les fols desirs tiennent lieu de raisons;
Bref, qui dedans Paris, arrosé de la Seine,
Veulent tousjours sembler aussi belles qu'Heleine,
Parées comme Armide allant voir Godefroy.
Si pour deux ou trois mois je pourrois estre roy,
Je ferois aussi tost une belle ordonnance,
Qu'aucun ne s'habillast au royaume de France,
Fut il un gros marchand ou un rogue artisan,
Gentilhomme champestre ou mignon courtisan,
Que suivant ses moyens, ou suivant ses offices.
Je reglerois aussi tant de pauvres Apices,
Qui apprestent à rire à leurs proches voisins,
Et qui par vanité reçoivent les cousins,
Les ducs de Franc-repas, escumeurs de marmites,
Qui, de peur d'estre veus, sont tousjours en visites;
Rats dont toute la France est rongée aujourd'huy,
Qui ne trouvent rien bon qu'en la maison d'autruy.

Nos corps sont informez d'une ame genereuse;
La pauvreté chez nous est toute ambitieuse;

C'est assez d'attraper la bonne opinion,
Nous caressons l'image avec Pygmalion,
Et delaissons le vray à la philosophie.
Pourveu que nous roulions, que nostre maison rie,
Que nous soyons tousjours suivis de beaux laqués,
Nos vœus sont accomplis, et bran pour les aquests,
Pour les retraicts avec; c'est afaire aux avares,
A ces riches vilains qui vivent en Lazares,
Qui ont bon vin en cave et boivent du rapé,
Qui aiment mieux mourir que prendre un recipé,
A cause qu'il faudroit payer l'apotiquaire;
Qui n'ont jamais appris que c'est de bonne chere,
Qui pleurent en vivant les frais de leurs tombeaux,
Qui usent des escus comme on fait des tableaux,
D'une statue antique, ou des choses sacrées;
Qui mangent rarement chez eux poires sucrées,
Encores que le sucre oste la crudité;
Parfumez de misere et de calamité.
Mais c'est un grand malheur que ce vice mestrise,
Qu'il meine à la baguette un tas de gens d'Eglise,
Qui enfin par degrez sont devenus Simons;
Et, puisque, selon nous, satyres sont sermons,
Je croy qu'ils descendront au Plutonique centre,
Et qu'ils ont, ces caphars, tous les diables au ventre,
Qu'ils les ont aux roignons, puisqu'ils vont adjugeant
Les graces de l'esprit à qui a plus d'argent.
Que le Ciel est fasché que ce haut Estat cloche!

La satyre en ce point use de sinecdoche.
Ses coups plus violens, ses traicts impetueux,
Ne voleront jamais contre les vertueux :
Aussi n'espargnent ils ny drap ny escarlate;
Son refrain est par tout : QUI EST GALEUX SE GRATTE.
Bien qu'en ce jeune corps loge un esprit chenu,
Nous esperons pourtant, quand vous serez venu
En âge un peu plus meur, que, comme un prince habile,
Vous ne sommeillerez que sur l'escu d'Achille;
Que vous ne dormirez non plus que le soleil,
Qui, se couchant jamais, ne ferme son seul œil.
Il regarde soigneux icy bas toutes choses;
C'est luy qui au printemps fait renaistre les roses,
Et, au fascheux hiver, c'est son esloignement
Qui redonne à la terre un triste habillement.
Vous ne direz, MONSIEUR, mot qui ne soit sentencé,
Sous le JUSTE LOYS vous purgerez la France,
Les colombes feront leurs nids aux morions,
Vous couperez la teste aux triples Gerions,
Vous reglerez ses jeux, ses habits et ses dances,
Mais vous les choysirez ces messieurs des finances :
Ils sont honnestes gens, pourtant s'ils ayment l'or :
Si font bien nos docteurs Tabarin et Mondor,
Qui l'attirent à soy d'une façon jolie,
Qui ont sceu transporter en France l'Italie.
Vous serez le support de tous les beaux esprits,
Des modestes sçavans qui sont dans le mépris,

Et n'ozeroient parler à cause qu'on les siffle,
Qui disent à refaire encor qu'ils ont morniffle,
Regardez de travers aux lieux où ils sont nez,
Et qui sont à la Cour tellement profanez,
Que pour fuir l'injure ils cachent leur science,
Et font profession de l'utile ignorance :
Car qui veut s'advancer, estre dans le coulant,
Disposer du bon heur, il faut estre ignorant.
Il faut estre ignorant pour avoir des pistoles :
C'est pourquoy si souvent je maudi les escholes,
Les livres, les regens, encre, plume, cornet;
Je vous appelle ingrats, ma robe et mon bonnet,
Et prendrois, quand je suis au plus chaud de ma verve,
Volontiers à partie et Themis et Minerve,
Pour m'avoir empestré dans leurs arts ocieux.
Comme un acteur tragic, je chatirois mes yeux,
Qui se sont affoiblis aux lueurs des chandelles,
Durant les froides nuicts fait maintes sentinelles,
Au lieu que je devois apprendre l'entregent,
A coller ma moustache, à conter de l'argent,
A jurer comme un homme, à mentir en vieux Pline,
Plier et pallier, pour toute discipline :
Car pour ces beaux garçons furent faicts les destins,
Et pour eux le soleil se leve les matins,
La nuict en leur faveur esclaire icy la lune,
Ils dorment aux costez de la bonne fortune,
Les gracieux zephirs netoyent leurs habis,

La Cour crie apres eux : Orate pro nobis.
  Et qui pourra curer les estables d'Augie?
Bien que la France soit par un Juste regie,
Qui donne bon exemple, on ressent toutefois
Que la noire malice est au dessus des loix,
Que la pauvre justice est noyée en ses formes,
Que Paris est remply de Lazares de Tormes,
De pippeurs, de mattois ; que depuis certain tans
On le voit fourmiller de braves charlatans,
Joueurs de gobbelets, de chartes, de merelles ;
Mais c'est le vieux sejour des doctes maquerelles
Et des belles putains ; il y a des cocus
Plus que ce financier n'a derobé d'escus
Au Roy depuis deux ans, et si ne les rapporte
Si je le veux, MONSIEUR, que le diable l'emporte :
Car c'est le sang du peuple opprimé des impos,
A qui l'on ne tond plus la laine sur le dos ;
Ainsi qu'un doux agneau on le tuë, on l'ecorche.
Vous qui dans le conseil luiséz comme une torche,
Prince grave, benin, courtois et plein de foy,
Qui recognoissez bien que l'on trompe le Roy,
Et que Sa Majesté ne cause ce desordre,
Le plus tost que pourrez il y faut donner ordre :
Car ceux que vous sçavez ne diront pas : « Toubeau,
Le peuple n'en peut plus »; ils ont part au gasteau.
Ne souffrez plus qu'au vice on donne les loüanges.
Les hommes volontiers denicheroient les anges.

Les nobles aujourd'huy tranchent des petits rois
Et des petits tyrans entre les villagois;
Ils font comparaison au saint de leur paroisse;
Un sergeant n'oseroit, qu'il ne leur apparoisse
De tout le tu autem, sans leur permission,
Donner devant le juge une assignation;
Croyent estre pestris d'une meilleure bouë,
Et qu'on les ait tournez dessus une autre rouë;
Leurs liberalitez sont des coups de baston.
La France auroit besoin d'un troisiéme Caton,
Qui s'oposast aux mœurs, ou d'un prudent Ulysse,
Qui avecque douceur faisoit la guerre au vice.
Vous serez tous les deux, nous nous le promettons,
RACE DU GRAND HENRY, en vous nous remettons
Ce qui nous peut rester de la bonne esperance.
Joignez donc vos desirs à vostre suffisance,
Rendez l'honneur aux bons et perdez les meschans,
Rappellez les vertus aux villes et aux champs,
Faites que vostre nom vive dans nos histoires,
Et relise ces vers, qui sont de bons memoires.

DE BASSOMPIERRE

SATYRE III

O! QU'IL *est malaisé de s'empescher d'escrire,*
Quand la teste demange, une bonne satyre!
Je l'ay bien apperceu depuis neuf ou dix jours ;
Mais, voyant que l'on peche à la ville et fauxbourgs,
Qu'à bien faire le sot un chacun se dispense,
Que c'est à qui sera premier de sa licence,
Que mesme au plat pais on en fait plein métier,
Et moy d'avoir recours à l'encre et au papier ;
Ce sont les instrumens dont l'art de poesie
Se sert à décharger l'humaine fantaisie ;
De brouiller les esprits et purger les cerveaus,
Tout voir et tout ouir, c'est à faire à des veaus.
Et c'est se mettre au rang des cocus volontaires,
De ne dire qu'amen lors qu'on traite d'affaires.

Croire que ce malheur soit aux maris fatal,
C'est estre fort yssu du vray sens logical.
En public, en privé, lorsqu'un meschant propose,
Fusse un plus grand seigneur, quelque mauvaise chose,
Il luy faut resister, ou ce n'est bien vescu ;
Mais, selon nostre sens, c'est acte de cocu :
Car que sert un mastin si aux loups il n'aboye?
Si ce n'est pour payer, à quoy sert la monnoye ?
Le discours de raison est de l'homme de bien,
A parler bon françois, la monnoye et le bien,
Il les doit employer selon leur vray usage,
Et quitter comme nous les fautes au passage.
En exerçant sa charge ou en communs devis,
Certes il est tenu d'en dire son advis ;
Dieu pour cette raison nous donna la parole.
Mon pere pour cela m'envoyoit à l'escole
D'un curé qui n'estoit au roolle des pedans,
Et c'est luy qui m'a fait sçavant jusques aux dans.
A luy je suis debteur, et à ce mien bon pere,
De ce que j'escri bien quand je suis en cholere.
Voicy dequoy, MONSIEUR, qui n'est pas bien grand cas ;
Toutefois sans m'oüir ne me condamnez pas.
Si vous me condamniez, la Cour, à vostre exemple,
Qui comme son miroir sans cesse vous contemple,
Me pourroit condamner ; on ne juge aujourd'huy,
On ne gouste, on ne voit, que par les yeux d'autruy ;
Chacun, à soy suspect, son propre sens reproche,

Et, sans l'examiner, croit que sa raison cloche.
La plus part des esprits, en allant à tatons,
Se tiennent par la queüe ainsi que hannetons.
Maintenant tout le monde a l'ame moutonniere,
C'est un bien quand un sage y porte la banniere.
Il est vray que si grand est le nombre des fous
Qu'aucun dessus ce point ne se taste le pous,
Et faut en ce commerce avoir l'ame bien forte
Pour tourner sa jaquette à la grande cohorte.
Ce qu'approuvent beaucoup n'est jamais debatu,
La coustume est qu'on suit le chemin plus battu.
De tous arts liberaux nostre siecle heretique
N'a quasi plus besoin que de l'arithmetique;
A conter par ses doigts il est tout empéché;
Suivre le plus de vois, c'est le cours du marché.
Mais c'est une pitié quand on ne se mesure,
Quand celuy qui ne doit s'habiller que de bure,
Pour dire que c'est luy, s'habille de satin;
Quand un gallefretier incaque son destin;
Quand la femme d'un tel veut manier sans voiles,
Et aller en carosse en dépit des estoiles,
Qui n'ont fait son mary qu'autant riche qu'il faut.
Ce sexe ambitieux ne cognoit son deffaut,
Il ne luy chaut de rien pourveu qu'il se contente,
Au milieu d'un doux calme il ne craint la tourmente,
Les troubles ny les frais d'un sergeant indiscret,
Quand il fera passer tous ses biens par decret,

En vertu d'instrumens et lettres authentiques,
Pour habits empruntez és meilleures boutiques,
Pour payer la dépense à l'hoste de Paris.
Baste, si vous n'estiez cocus, les bons maris.
Tout ordre est renversé, chacun a sa methode,
Le livre de nos gens s'intitule la Mode,
Qui ne sera jamais de vieille impression,
D'autant qu'il renouvelle avec la passion,
Fidelle correcteur, excellent caractere,
Dont le styl anomal censure Despautere.
Les nobles aujourd'huy croissent en tous foyers,
Le royaume de France est tout plein d'escuyers,
Il en est voirement si plein qu'il en regorge,
Chacun en a chez soy les soufflets et la forge.
Nobles et roturiers, en dépit d'Amadis,
Y sont desja confus ainsi qu'en paradis.
C'est à qui sera beau, c'est à qui sera brave :
Ce pauvre courtisan a disné d'une rave,
Mais son ventre discret aide à couvrir le jeu,
Est fait au badinage et ne se plaint du peu.
Il est bien plus subject au vouloir de son mestre
Que ne fut Lazarille aux humeurs du bon prestre :
Car cetui cy tachoit souvent à le tromper,
L'autre de bonne foy se couche sans soupper.
Sans mesurer son bien, sans pezer son merite,
Messire a pris un page, et n'a plus de marmite ;
A present les faquins partagent les honneurs

Et les autoritez avec les grands seigneurs.
Je ne suis pas bien vieux, et si j'ay souvenance
Qu'un homme n'eut ozé faire le sot en France,
Parler le barragouin, faire le quand à moy,
Qu'il n'eut ozé jurer plus haut que par sa foy,
S'il n'eut eu pour le moins, en heritage ou rente,
Par an six cent escus, ou cinq, que je n'en mente.
Chacun a les couillons aussi gros qu'un mortier;
Tel semble estre Monsieur qui n'est que son portier;
La pluspart des docteurs tiennent que l'homme à l'homme
Est aussi ressemblant que la pomme à la pomme,
Que le chien est au chien, le cheval au cheval;
Et delà, de pardieu, procede tout le mal,
Tout l'inconvenient : car c'est cette creance
Qui des cœurs insolens bannit la reverence,
Abolit le respect; aussi, dit un quidam,
Si nous sommes tretous enfans d'Eve et d'Adam,
D'Adam le premier homme et de son epouse Eve,
Peut on pas soutenir que la noblesse réve,
Puisque d'un mesme cep pendent mesmes raisins?
Que diable sert cela? Nous sommes tous cousins.
Il ne sçauroit gouster la raison des polices,
Et ce testu ne veut jurer qu'en ses caprices.
La sainte modestie on n'estime un bouton,
La Cour fait ribouilles au Gnothi seauton.
Temoin celuy qui court à l'Hospital grand erre,
Et ne chausse soulier qu'au point de Bassompierre,

Sans penser que les dieux n'ont point de corrivaus,
Qu'une selle ne peut servir à tous chevaus.
Chaque chose a son prix, sa force et sa portée;
La grenouille pourtant fut en vain exhortée
De ne plus contester avec le bœuf pesant.
Luy, deut il en crever, fera le suffisant;
Au frein de la raison il a la bouche forte,
D'autant qu'il ne veut pas que sa pie soit morte.
N'eut il en son buffet ny escus ny ducas,
Il s'estime toujours plus riche que Midas.
Tout le cours de sa vie est une mascarade,
Sain tout ce qui se peut quand il n'est point malade :
Il a son petit bien en ce train consommé,
Ce mince courtizan du tans mal informé,
Qui ne sçait ny mentir ny changer de visage,
Qui croit, estant en Cour, qu'il est dans son village,
Qui ne sçait comme il faut faire un remerciment,
Qui n'a jamais ouy parler de compliment,
Qui croit que c'est assez que tout le monde sçache
Qu'il est nai gentil homme avec un poil de vache,
Un grand nez demy rouge, un pourpoint de chamois :
Le vray echantillon du pais d'Angoumois.
Laissons là ce malfait qui estime bestize
La gentille vertu qui se nomme accortize,
Cette bonté de mœurs, ceste facilité,
Qui se peut exercer avec sincerité,
Compagne du respect qui les amitiez lie,

Qui fait, selon mon sens, boire le vin sans lie,
C'est à dire hanter sans crainte du mépris,
Qui se coule aisément dans les communs esprits,
Que l'on peut baptiser esprits à la douzaine,
Qui s'ombragent de tout pour n'estre tains en greine,
Ou pour n'estre pestris de fin or ou d'argent,
Mais d'un metal qui fait ignorer l'entregent,
Et abhorrer sur tout la noble courtoisie,
Qui est aux gens d'honneur plus douce qu'ambrosie,
Mieux sentant à l'esprit que musc et qu'ambre gris,
Qui ne consiste pas à succrer un souris,
A crier : « Serviteur, Serviteur », par la rue,
Au mois de febvrier demeurer tèste nue,
Jusqu'à tant que le froid glace l'entendement,
Et puis au departir dire sommairement :
« Monsieur, je suis tout vostre, à vendre et à dependre. »
Mais gare quand se vient et au fait et au prendre !
Si la bourse, la bouche, et le cœur, et la main,
Les offres d'aujourd'huy n'executent demain,
Tant de bonadies et de cajollerie
Ne sont que trâhisons, abus et tromperie,
Que des fausses couleurs, et, pour le faire court,
Que cela qu'on appelle eau beniste de Court.
Il n'est tel qu'en tout lieu prattiquer la franchise.
Vous qui vous cognoissez en cette marchandise,
MONSIEUR, et qui peut estre en avez debité,
Comme un vieux consultant, dites la verité.

Phœbus, qui en ces vers rit en poule laitée,
Ainsi que vous voyez, en dit sa ratelée ;
Il se mesle de tout, c'est Jean de tous métiers ;
Il dispute des vens avec les mariniers ;
La satyre n'est rien qu'une grande sallade
Par laquelle il guerit tout le monde malade
De vanité, d'orgueil, d'amour, d'ambition,
D'avarice, d'envie, ou d'autre passion ;
En sorte qu'il la sçait composer, au lieu d'herbes,
Bon medecin qu'il est, de pronoms et de verbes,
Et de tout ce qui sert à faire une oraison :
Drogue tres-excellente à penser la raison,
Mais beaucoup plus encor quand elle est prise en carmes,
Des faciles esprits les plus asseurez charmes,
Qui endorment les sens d'un sommeil gracieux,
Pendant que l'intellect revole dans les cieux,
Et dépouille en chemin les notions passées,
Pour se garnir là haut de plus saines pensées ;
Son idée il contemple, et sur elle, en effect,
Il cognoist aussi tost ce qu'il a d'imparfaict ;
Il retranche, il adjouste, il r'habille, il reforme ;
Ceux qui voyent son corps s'imaginent qu'il dorme.
Voila donc le proffit que rapportent nos vers
A ceux qui n'ont l'esprit emmanché de travers,
Et qui n'estrivent pas la noble poesie
Quelque vil excrement de nostre fantaisie ;
Qu'en matiere de vers, pour en cracher beaucoup,

Il n'y a seulement qu'à toussir un bon coup ;
Qui ne se mocquent pás des rimeurs et des rimes ;
Chez qui poesie et fou ne sont pas sinonimes.
L'ignorance a ses droicts, elle en peut donc user ;
Si elle juge mal, on la doit excuser.
Aprés qu'un homme a fait ce dont il est capable,
Fusse de Turc à More, s'il n'est de rien coupable.
Ainsi que les palais, les gousts sont differans ;
Des actions d'autruy nous ne sommes garans.
Bien qu'au plus haut degré loge vostre merite,
Achille toutefois trouvera son Thersite.
Quoy que vous egalliez en courage les rois,
Quoy que vostre vertu vous dispense des lois,
Qu'elle vous aye aquis le nom de magnifique,
L'envie, qui jamais ne ferme sa boutique,
Et qui regne aussi bien entre les courtizans.
Comme entre les potiers et menus artizans,
Essayera tousjours d'obscurcir vostre gloire ;
Mais c'est, comme l'on dit, marchandise de foire.
És affaires du monde à cause des méchans.
Aucunefois les bons n'en sont pas bons marchans.
La terre bien souvent fait eclypser la lune,
La raison à son tour fait place à la fortune.
Moy qui à la satyre accorde mon rebec,
Et qui pour m'advancer employe vert et sec,
Quel fruict ay je tiré de ma philosophie,
Sinon d'avoir perdu ma peine et ma bougie,

Qu'on me voit avant l'aage avoir le poil grizon,
Que je me suis donné le logis pour prizon,
Affin de m'exercer en cet art qui m'occupe,
Me captive, m'abuse, enfin m'a pris pour dupe,
Aprés m'avoir quinze ans d'esperance repu,
M'a haussé plusieurs fois, mais la corde a rompu?
Tousjours quelque envieux mes poursuites arreste,
Et, comme un bon chrestien, se fait plus tost de feste,
Qu'il n'en soit à mon dam. J'ay beau m'estomaquer
Pour sçavoir le pourquoy, j'ay beau l'en attaquer :
Aprés m'avoir juré, desguisant la matiere,
Que c'est un faux rapport, j'en ronge ma litiere,
J'en demeure logé chez Guillot le Songeus.
Ce seroit un plaisir de garder les enjeus,
De tenir le bon bout au jeu de nostre vie,
Où s'escriment ces trois, Vertu, Fortune, Envie.
Doncques, aprés avoir coté mon interest,
J'aime bien mieux laisser le moutier où il est
Que de plaider en vain contre les destinées,
Contre les volontez au mal trop obstinées,
Contre ce qui s'est fait du tans de Salomon,
Qui dans l'Ecclesiaste en bastit un sermon,
Où, pour blasmer nos pas, nos sueurs et nos peines,
Il conclud qu'icy bas toutes choses sont veines;
Mais, en un autre endroit, il me plaist quand il dit
Que tant plus l'homme sçait, tant plus il est dépit,
Qu'il n'a que son labeur pour toute recompense.

Il faut laisser courir les chiens par la depence,
Filer doux, et, tirant à la derniere fin,
Prattiquer la vertu, c'est jouer au plus fin.

LE COMTE DE TILLIERES

Ambassadeur d'Angleterre

SATYRE IV

J'ESTIME *justement un homme ce qu'il vaut:*
Bien que vous appeliez l'admiral d'Annebaut
Vostre oncle ou vostre ayeul, que des princes de France,
Des ducs et mareschaux soient de vostre alliance,
Que vous soyez yssu d'une maison d'honneur,
Que de tous les costez vous soyez grand seigneur;
Quand Aimon ou Roger seroit vostre grand pere,
Si vostre ayeule estoit l'Estoille Poussiniere,
Quand vous seriez un roy, quand vous seriez sofy,
De tous ces tiltres vains pour moy je dirois fy,
Si vous n'aimiez l'honneur pardessus toutes choses,
Et si vous ne cueilliez les vertus comme roses;
Dans les difficultez si vous n'aviez la foy,
Si l'on ne vous tenoit bon serviteur de Roy,

Et si vostre prudence, au fait d'une ambassade,
N'avoit fait recognoistre à la France malade
Ce qu'un homme de bien, soit au prés ou au loing,
Quand il est employé, peut servir au besoing :
Car, durant tout le cours d'une facheuse guerre,
Vous avez destourné l'orage qu'Angleterre
Pouvoit verser sur elle en faveur des mutins,
Qui l'abboyent sans cesse ainsi que des mastins,
Qui forment sans subject tousjours plaintes nouvelles,
Et sous le nom de foy se montrent infidelles.
Pour asseurer l'Estat contre tous accidans,
Ce n'est assez d'avoir des Achilles dedans,
Mais il faut au dehors envoyér des Ulysses,
Qui sçachent mépriser les doux attraicts des Circes
Et les corruptions des princes estrangers ;
Dont l'esprit clair voyant previenne les dangers,
Evente les dessains, et, avec accortise,
Sçache mettre de l'eau dans un feu qu'on attise,
Dés le commencement, en donnant des advis ;
Qui sçache comme il faut, en ses menus devis,
Ou lors qu'en plein Conseil on luy préte audiance,
Selon l'occasion user de l'éloquence,
Ménager son humeur, et, gardant le respect,
Tout voir et tout ouir sans se rendre suspect.
Ostez moy ces pedans qui n'ont qu'une posture,
Qui relevent si fort de leur sotte nature
Qu'ils ne veulent en rien diminuer ses droits,

En dépit des boiteux qui veulent estre droits,
Et marcher à beau pied quand la Cour est en housse,
Qui avecque les dieux ne feroient pas carrousse,
Qui n'ont jamais appris à rien dissimuler :
Moins qu'avecque les loups toujours il faut urler ;
Et qu'un train si reglé ne convient qu'à la beste,
Non à l'homme, qui a la raison dans la teste,
Qui doit s'accommoder aux lieux et aux saisons,
Imitant le soleil, qui, changeant ses maisons,
Epand diversement icy bas sa lumiere.
Il n'est pas artizan qui n'a qu'une maniere.
Que Triboulet se tienne à son pais de Bloys.
Estant en Angleterre il faut vivre en Anglois,
En grave senateur quand on est à Venise.
Bref, un ambassadeur doit estre homme de mise.
Mais c'est assez parlé latin devant les clercs.
Si en le descrivant nous ne sommes prou clers,
COMTE, je suis d'advis que chacun vous contemple,
Qui aux plus excellens pouvez servir d'exemple.
   Je suis pourtant fasché que l'obligation
Dont je vous suis tenu seme l'opinion
Que tout ce mien discours ne soit qu'affeterie.
Mon humeur ne cognoit la vaine flatterie.
Je di ce que je pense, et ne mets en escrit
Que le vray dont se plaist un genereux esprit ;
Je n'ay pas tant de soin de me rendre aggreable
Que je veuille parer ma scene d'une fable ;

Ma Muse ne fait pas des vers pour le loyer,
Encor que vous puissiez un beau labeur payer ;
Je ne suis pas piqué d'une esperance vile,
Rien que vostre valeur ne reveille mon style,
Ce que vous meritez, estant absent pour nous
En l'isle où les moutons ne craignent point les loups,
Leurs ennemis jurez, où, franc de la misere,
Le berger amoureux caresse sa bergere.
O bien heureux bergers, et plus heureux cent fois,
Selon mon jugement, que ne sont pas les roys,
Qui devroient là changer leurs sceptres en houlettes,
Pour consacrer leurs jours aux douces amourettes !
    Le magistrat fait voir, au train des actions,
Si son homme est subject à quelques passions,
Et si son habitude est vicieuse ou bonne,
Tout ainsi que la base, eslevant la coulonne,
Et l'exposant aux yeux, fait que plus aisement
Celuy qui la regarde en fait son jugement,
Espluche ses raisons, examine son ordre.
Sur vos deportemens on ne sçauroit que mordre.
On cognoissoit jadis les dieux à leur marcher,
A la juste vizée on esprouve l'archer ;
Mais l'homme de vertu paroist en la pratique
Et au doux maniment d'une charge publique.
Maintenant qu'il y a nombre de malcontans,
Que les meilleurs esprits deviennent charlatans,
Que de foy, de devoir, qui sont choses divines,

On fait autant d'estat que de vieilles matines,
Que les cœurs sont venaux et les affections,
Et qu'on n'en peut avoir qu'au prix des pensions,
Que le plus inutil pretend deux mille livres,
Bref, que les bonnes mœurs n'habitent plus qu'aux livres,
Que la foy est un monstre, on la doit bien cherir.
Sur tout ce que je di l'on peut bien encherir.
Puisque, au lieu de proffit, en tout ce long voyage,
Vous avez employé plus que vostre heritage
Ne vous peut rapporter par an de revenu,
Vous ne seriez plus tost en France revenu
Que le Roy, qui cognoist ceste grosse dépence
Faite pour son honneur, ne la vous recompense.
Il peut tout ce qu'il veut, et, en toute saison,
Son vouloir est submis au gré de sa raison,
Qui dit que, pour tenir toujours ses Estats calmes,
Et autour de ses lys faire croistre les palmes,
Il doit recompenser ceux qui l'ont merité,
Qui ont fait recognoistre à la necessité
Qu'ils ont le cœur françois, et que leur humeur franche,
Pour chose que ce soit, ne branle dans le manche.
Car, à dire le vray, les magnifiques dons
Qu'un roy faict avec chois encouragent les bons,
Conservent son Estat, ainsi que le supplice
Corrige les mauvais et chasse la malice.
   Mais ce n'est pas icy qu'il faut philosofer.
Un ouvrage de prix on peut bien estofer

De pourpre, d'or, de soye; un discours satyrique,
Dont le sens est commun et la veine publique,
Sans grand occasion ne doit hausser son styl,
Et mon esprit n'est pas si fœcond qu'eau du Nil;
Ma fresle nef ne peut voguer que terre à terre;
Je ne puis, quand je veux, concevoir un tonnerre,
Faire naistre un deluge en despit de l'Iris,
Ny crier comme quand on trouvoit Osiris;
C'est à faire à celuy qui, faute d'ordinaire,
Ne peut faire de vers s'il n'est pensionnaire,
Non à moy, qui ne s'est autre chose promis
Que le contentement d'honorer mes amis.
Je n'en prens qu'à mon aise, et mesure ma peine,
Ma force et mon dessein au cours de mon haleine;
Je sçay combien mon feu peut durer de momens,
Je doi à mon humeur mille remercimens,
Qui me rend insensible aux desirs de la gloire,
Et ne fait point de vœux au temple de Memoire.

LE PRESIDENT DE BELIEVRE

SATYRE V

EXCUSEZ *moy,* MONSIEUR, *si j'ose vous offrir*
Ces vers, que bien plus tost je ne devois souffrir,
A cause de leur styl, qui est tant soit peu rude,
Voir jamais autre jour que celuy d'une estude.
Un poete n'a pas la clef du sentiment ;
La mouche de Phœbus regit son mouvement,
Ce feu, ceste fureur dont l'ame est échauffée,
Qui tient comme un tyran la raison estouffée,
Qui renverse nos cœurs et affole nos sens,
Tellement qu'on les doit declarer innocens,
Puis qu'un si grand pouvoir à son gré les manie,
Et que du fait d'autruy procede leur manie.
Les gousts sont differens ainsi que les palais,
MONSIEUR, *qui entendez les raisons du Palais,*
Qui sçavez discerner le vray de l'apparence,

Et qui distribuez le droict à la balance.
Vrayement, j'ay bien pensé que, si je vous fai voir
Quelque œuvre mal basty soubs ombre de devoir,
Que vous me payerez d'un « Je vous remercie »,
Et que vous casserez les flustes de Marsie ;
Vous rirez de leurs sons afin de l'afliger.
Ce qu'il en fait pourtant, c'est pour vous obliger :
Car aux grandes vertus on rend les grands homages,
Et les beaux, dit un Grec, veulent voir leurs images.
Les naïfves beautez resident ez esprits,
Dont les meilleurs portraicts sont les doctes escrits :
Car, en dépit du tans qui devore l'ivoire,
Les marbres et le cuir, ils gardent la memoire.
Les peintres d'apresent n'ont plus si bonne main
Ny telle invention qu'Aristide Thebain,
Qui, phœnix en son art, fit voir en ses peintures
Les sens et passions de toutes creatures,
De sorte qu'à sa toile, à son fresc, à son bois,
Si un menteur dit vray, ne manquoit que la voix.
Ces vieux Romains avoient un autel à la fievre ;
Moy, je veux faire icy le portraict de Believre,
Non que j'y sois porté de mesme affection :
On mesure l'effect avec l'intention.
Eux luy faisoient honneur pour flatter sa malice,
Je ne revere en vous qu'une entiere justice
Qui les rigueurs du droict tempere d'equité,
Qu'une douceur de mœurs jointe à la gravité,

Qu'un sçavoir excellent ennemy d'asnerie,
Et qui mene la guerre à la chicanerie,
Aux delais superflus, aux fuites, aux longueurs,
Qui au cours des procés causent tant de langueurs,
Tant d'ennuis et de frais, qui vuident l'escarcelle,
Que bien souvent le jeu ne vaut pas la chandelle.
Le plus rusé plaideur, eut il les dieux amis,
N'en retire jamais tout ce qu'il y a mis.
Moy, qui si gentiment la matiere examine,
Ay, comme chacun sçait, passé par l'estamine :
Non que de mon humeur je sois homme de plet,
Mais on purge le corps quand il est trop replet.
Si un faquin m'attaque, il faut que je me rende,
Que j'en sois à quia, ou que je me deffende.
Jamais en mes procés je ne suis demandeur ;
La malice du temps en veut à ma candeur.
C'est un malheur pour moy que tousjours on m'ajourne,
Et n'est point question d'un remuement de bourne,
Ny d'avoir occupé la terre d'un mineur ,
Encor moins s'agit il de quelque point d'honneur,
Ny de crimes commis en exerçant ma charge :
De tels cas, Dieu mercy! le monde ne me charge.
On me traduict pourtant ainsi qu'un charlatan,
On me fait des procés dessus des nics d'antan,
Sur le point d'une eguille ou sur une chymere.
Si je n'avois un peu bouquiné mon Homere,
Qui monstre comme on vit icy et à Paris,

Sous les deportemens d'Helene et de Paris,
Que la vie n'est rien qu'une grande Iliade,
Que la plus part des gens ont la teste malade,
Que celuy qui fait mal croit pourtant faire bien,
Que le plus scelerat se dit homme de bien,
Je serois ja gasté; toutes les calomnies,
Exploits, commissions, et ces querimonies,
M'auroient, comme limiers, tirassé de façon
Que ma muse en auroit oublié sa chanson.
Ma foy, j'ay resolu de chatouiller mes peines,
Pour adoucir la mer des sottises humaines,
Excuser les deffaux et la meschanceté,
Et ne mettre tousjours le droict de mon costé.
Il faut quitter du sien, on ne sçauroit qu'y faire,
Et, comme son argent, ménager sa cholere,
Ménager son dépit; on n'y fourniroit pas.

. . . .

Trop de pipeurs avec, de larrons, d'hipocrites,
Qui au temple et ailleurs contrefont les hermites,
Trop de presteurs soubs gage, et trop de patelins.
La franchise regna du tans des paladins,
Et la simplicité ne trouve plus de place;
Mais la pauvre science est plus froide que glace;
Soit dedans une chaire ou dedans un parquet,
On ne fait plus d'estat que d'un joli caquet.
On faict trafic par tout de la cajolerie,
C'est à la cour des rois la bonne mercerie,

Et du plus prompt debit. Qui ne sçait cajoller,
Faire le complaisant, mentir et enjoler ;
Qui ne sçait à propos inventer des nouvelles,
Aux plus grandes laideurs dire qu'elles sont belles,
Qu'elles bruslent les cœurs du feu de Cupidon ;
Qui ne sçait accointer Ænée avec Didon,
Qui ne sçait haranguer pour avoir la lipée,
Qui ne sçait comme on prend les sots à la pipée,
Qui ne sçait ses discours rendre doux comme miel,
Et se qualifier cousin de l'Arc-en-Ciel,
Dire que ses ayeuls sont yssus d'une fée,
Que l'on passe en valeur le bon fils de Pelée,
Et puis, au bout du conte, avec un doux souris,
Maudire la fortune et tous ses favoris,
Que l'on ne cognoissoit il y a trois semaines,
Alleguer là dessus les histoires romaines,
Faire comparaison des Inés à Sejan,
A la Cour de Jesus de S. Pierre à S. Jean ;
Qui d'affaires d'Estat ne grabele et ne juge,
Qui ne parle de tout plus viste qu'un deluge,
Qui n'est poudré, musqué, qui n'est pront au devis,
Qui à gauche ou à droit ne donne des advis,
Qui n'aide à tost mourir à la France mourante ;
Qui ne sçait comme on met un pucelage en vente,
S'acquerir du credit sur un bon creancier,
Estre premier commis du plus grand financier ;
Qui ne sçait ce que c'est que de ferrer la mule,

Plaider effrontement encontre sa cedule ;
Qui ne sçait faire choir le sort sur Mathias,
Et bailler à tous coups du galimathias,
Former un incident sur oüy ou sur voire ;
Qui n'oze seulement dire : « La pie est noire »,
Humble et respectueux à un plus grand que soy,
Son esprit pour la Cour n'est pas de bon aloy ;
Il est bon à planter des chous en son village.
Mais c'est trop sermoné sur un mesme passage,
Moy je ne daignerois m'en lever plus matin.
Si un homme icy bas n'est amy du destin,
S'il n'est né sous l'aspect d'une bonne planette,
Et, fut il fils unique, ainsi que Gaudinette,
Fut il la vertu mesme et la perfection,
Si n'aura-t'il jamais aucune pension ;
Il n'aura que des poux, des clous, ou de la gale,
Il sera plus chagrin qu'un rat dans une male.
A quiconque a beau pied n'eschet pas beau soulier.
Avoit-on jamais veu le fils d'un chancelier
Se donner au public, fatiguer et paroistre,
Affin de témoigner et de faire cognoistre
Que vous estiez entré dans le temple d'honneur
Par celuy de vertu, et non par la faveur ?
Au moins si ce n'estoit par celle des Charites,
Qui toutes trois, MONSIEUR, caressent vos merites,
Accompagnent vos pas, amoureuses de vous,
Jusques à tant qu'un jour, en dépit des jaloux,

Elles vous ayent mis au banc de vostre pere.
Le Ciel à leurs desirs, favorable, obtempere.
Rien ne peut arrester le cours de vos desseins,
Je m'en rapporte bien aux jugemens plus sains.
Vous estes assisté d'un si puissant genie
Que, sans vous obliger à la ceremonie,
Au dol, à la finesse, aux fadeses de court,
Vous pouvez reussir par un chemin plus court.
C'est trop parlé de vous, j'ay peur de faire dire
Que cecy soit une hymne au lieu d'une satyre.
Je cognois bien ma force et n'entreprens jamais,
Pour ne pas demeurer accablé sous le fais,
Œuvre qui la surpasse ; et d'ailleurs je regrate,
Je remasche souvent les faits du bon Socrate,
Car j'ayme à feuilleter son escholier Platon.
Un jour, allant souper chez le bel Agathon,
« Il luy faut ressembler », dit ce grand personnage.
Il prit des souliers neufs et lava son visage :
D'où vient ce quolibet : le beau va chez le beau.
Encor que le matin je n'habille qu'un veau,
Que ma teste soit vuide et ma plume legere,
J'honore fort les grands, et, si je considere
Qu'il ne les faut loüer que de bonne façon,
Assez rustic d'ailleurs, je sçay cette leçon,
Comme aussi qu'autrefois le monarque Alexandre,
Par un edict exprés, s'advisa de deffendre
A tous peintres d'alors de faire son portraict,

Fors au brave Appelles, dont il aima le traict;
Si je vous ay touché, recevez mon excuse :
Opposant vos vertus aux vices que j'accuse,
Aux mœurs et aux façons de ce siecle brutal,
J'ay creu, monstrant le bien, faire haïr le mal.
    La bonne Republique est meslée de toutes,
Dedans une forest y a diverses routes :
La satyre n'est rien qu'une grande forest,
Qu'un miroir dans lequel on voit ce que l'on est,
Où avecque licence, au devoir limitée,
Nature variable est au vif imitée.
C'est un jardin de fleurs, on y recueille aussi
Les roses, les œillets, les lys et le soucy,
Symboles des ennuys, des craintes, de la joye.
Soubs les contes du temps de ma commere l'oye,
Elle met tous les morts sous un fidelion;
Le chien, qui n'en peut més, bat devant le lion;
Elle taille en plain drap et se donne carriere;
Tout ce que l'homme fait est sa propre matiere;
Sous le nom d'un qui dort dedans sainct Innocent,
Elle drappe un qui vit, punais s'il ne le sent.
Ce n'est pas d'aujourd'huy que l'on fait des blasphemes;
On trouveroit encor chez nous des Polyphemes,
Des Gracques, des Verrés, des Claudes, des larrons,
Force Catilinas, mais peu de Cicerons.
Nous pouvons enfiler en mesme patinostre
Les tans du roy Artus, du roy Jan, et le nostre;

On ne sçauroit faillir, tout se rapportera,
Puisque ce qui se fit se fait et se fera.
Les vices regneront en ce monde où nous sommes
Tandis qu'il y aura des femmes et des hommes.

A MONSIEUR BATAILLE

SATYRE VI

BATAILLE, *l'amitié qu'à bon droict je vous porte*
M'a remis en vigueur, car la Muse estoit morte;
Je m'estois conseillé de ne me plus fâcher,
Et j'avois resolu de ne les plus prêcher,
Les hommes de ce tans, aussi profés aux vices
Et aux mauvaises mœurs comme aux vertus novices,
Pour voir si, leur mettant la bride sur le col,
Ils changeroient de train. On chante par bemol,
Quand l'air ne reussit en la clef de nature.
On seme tous les jours les bleds à l'advanture.
Peut estre, mon amy, que presser les esprits,
Et courre sans pitié le mal comme un loup gris,
Qu'au lieu de le guerir, tel remede l'irrite.
Lorsque le parler nuict, le silence proffite.
Et d'ailleurs le cœur dit pour son propre interest,
Il crie incessamment à chacun ce qu'il est;
Nos pensers, nos remors, sont les verges divines;
Nos plaisirs soucieux couchent sur les espines.

Monstrons nous bien contens, bien gays et bien hardis ;
Nous faisons nostre enfer dans nostre paradis.
Durant que l'appetit sur la raison domine,
Nous avons mauvais jeu et faisons bonne mine,
Tristes par le dedans, enjoüez au dehors,
A cause des procés de l'esprit et du corps.
Il est vray que souvent on lit sur nos visages,
Qui sont de nos esprits les plus vives images,
Tout ce qui les travaille, et les ronge et les mord.
Ainsi tacitement ils advoüent leur tort.
La face du méchant est maigre, etique et fade ;
Il ne peut plus celer que son ame est malade,
Il ne ravasse plus que gibets et corbeaus.
La vertu a bon taint, et si fait les corps beaus.
     Il ne seroit besoin de parler ny d'écrire.
Tout le monde n'est rien qu'une grande satyre,
Où chaque creature est posée en son lieu.
Entre les animaux l'homme est un petit Dieu.
Ils luy rendent l'honneur, ils luy portent l'hommage,
Raison pour preciput luy eschent en partage,
Toute chose icy bas se range à son devoir,
Et luy seul manque au sien, le fait il pas bon voir ?
Le fait il pas bon voir, cet ingrat trouble feste,
A cause de ce point au dessous de la beste,
Pensant se rehausser avecque son orgueil,
Comme si l'on voyoit Tours devenu Bourgueil ?
     Ainsi comme l'on vit, ce n'est pas vivre en homme.

J'approuve les pardons qu'on envoye de Rome,
Car je suis catholic plein de simplicité,
Ennemy capital de tant de vanité,
De faste, de sottize, et de tant de fumée.
Je sens d'un fier courroux mes veines allumées
Contre tous les discours et tous les entretiens
Dont usent ces mignons qui se disent chretiens,
Qui craignent aussi peu enfer que purgatoire,
Au lieu de mediter qui s'amuzent à boire,
Qui font du jour la nuit et de la nuit le jour,
Qui croyent que jurer c'est estre homme de cour,
Qui font autant de cas d'un sçavant que d'un asne,
Qui un peu trop matin vont réveiller Diane :
Importuns Orions qui n'aiment que les bois,
Qui chassent sans réver que la chasse a des loix,
Que les nobles jadis prindrent cet exercice
Pour se duire à la guerre et s'eloigner du vice.
Contre ces fanfarons aussi hauts que cyprés,
Happelourdes, butors, qu'il ne faut voir de prés
Pour ne les trouver laids, non plus que des peintures,
Qui n'observent ny tons, ny regles, ny mesures,
En leurs deportemens rudes et mal courtois,
Je fay, quand je les voy, le signe de la croix.
S'il est vray que nostre ame est nombre et armonie,
Vous devez bien fuir leur triste compagnie,
Qui ne faites estat que de parfaicts accords,
Pour ce qu'ils sont pestris à l'esprit comme au corps;

Et n'est rien si contraire à la douce musique,
Qui rejouyt les bons, que leur trempe rustique.
J'en veux aux mercadans qui ne font que mentir,
Et à ces courtisans qui veulent trop sentir;
J'en veux à.ces prelats qui quittent leurs eglises,
Aux avares baillifs qui font tant de remises,
Et salent leurs dictons avec un tel excés
Que misere est icy compagne de procés.
Moy qui suis du métier, devrois-je point m'en taire?
Je veux un de ces jours mettre par inventaire
Leurs pechez et les miens, pour nous rendre honteux;
Il ne fait guere bon clocher devant boiteux.
O! qu'il m'est bien permis de me faire de feste!
Thevet ne vit jamais une si grosse beste,
Un esprit si perclus, un si gros animal,
Que celuy qui pretend me convaincre de mal,
Pour ce que je me couche en ce joly grimoire;
Il croit pourtant avoir assez belle entendoire.
Aussi fait bien Turpin, qui s'est trop haut monté,
Pensant que le bon sens suivit la qualité,
Tout ainsi que le cens suit tousjours l'heritage.
A luy le deshonneur, et à nous le dommage.
    Les asnes aujourd'huy ne sont plus au moulin,
Nos Mydas sont garnis chacun d'un beau beguin;
Je ne le di qu'à toy, livret, ne le publie :
Tout le globe terrestre est celuy d'Arcadie.
    Ce siecle est merveilleux qui d'un docte rieur,

D'un valet, d'un bouffon, sçait faire un gras prieur;
Et, pour mieux témoigner qu'il hait l'ingratitude,
Il paye en biens sacrez la longue servitude.
La grandeur a ses droicts, et si n'a jamais tort.
On peche seurement tandis que Dieu s'endort.
Il n'est que d'attraper des terres de l'Eglise;
Un chacun fait traiter son ulcere à sa guise.
Les petits neanmoins en font difficulté,
Ils apprestent à rire aux gens de qualité,
Qui, francs de tout scrupule, en fondent leurs cuisines,
Leurs carrosses, leur train, leurs pompes et leurs mines.
Que le bien est plaisant qui vient sans travailler !
Qu'un renard est ravi qui trouve un poulailler !
Tout le monde est banquier, tout le monde traffique,
Conscience devient une femme publique,
Qui porte ses desirs au profit seulement,
Sauf à plaider sa cause au bout du jugement,
Où elle alleguera des raisons assez vives,
Entre autres qu'elle suit les vieilles traditives,
Et l'usage commun, que ce n'est d'aujourd'huy
Que les jeunes amans foulent les licts d'autruy,
Que l'ambition regne, et le luxe et l'usure,
Que qui peut renoncer bien tost à la peinture
Pour vaquer au salut fait sagement; mais quoy!
La nature souvent est contraire à la loi.
Et que diront nos gens qui ramenent Sodome,
Aprés avoir payé tant de vœux à Saint Cosme,

Ces infames pedans qui corrompent les mœurs,
Qui font tomber les fruicts encor qu'ils ne soient meurs,
Et Macette qui fait son traffic à l'eglise,
Où sous un saint habit la fraude se deguise?
Car l'eglise est aux bons le lieu de l'oraison,
Le sejour du respect, la cœleste maison,
Aux mechans un bordel, un hostel de Bourgongne.
Ainsi comme il entend chacun en taille et rogne.
Ces vandangeurs d'Estat, la fable des voisins,
Qui ont incontinent coupé ceps et raisins,
Et, au lieu de faucher ce beau pré, qui le fouillent
Pour le rendre steril, et ceux qui leurs mains souillent
Du sang des innocens en diverses façons,
Ceux de qui les propos ne sont que hameçons,
Ces pipeurs, ces caphars, de qui la face blesme
Represente la mort, si ce n'est elle mesme,
Qui dissimulent tout et qui n'ont rien de franc,
Qui aux despens du Ciel veulent venir à rang,
Qui n'ont aucun soucy de la vie eternelle,
Bien qu'ils ayent desja le pié dans la nacelle,
Qui sont bien resolus de mourir à la Cour,
Qui ayment plus l'argent que l'œil n'ayme le jour,
La Muse en cet endroict n'est point passionnée,
Mais je ne voudrois point suivre leur destinée.
   Sermoner dé la sorte, et fussé je sçavant,
Il ne faut pas douter qué c'est battre le vant,
Que c'est semer du sel, que c'est faire la beste.

Si j'estois plus discret ou maistre de ma teste,
Je verrois tout passer que je n'en dirois rien,
Car, selon mon advis, le monde est Jean de bien.
Qu'on ne me prenne pas pour un homme fantasque,
Qui au lieu de bonnet chausse la nuict un casque;
Je suis bon compagnon et de tous bons accors,
Mais j'avois tant soit peu de graine dans le corps.
Chacun selon son gré se purge et se decharge.
Quant j'ay l'esprit lassé du travail de ma charge,
D'escouter, de juger, de donner des deffaux,
Je me mets à rever sur mes propres deffaux,
Et puis, avec dessein d'en faire penitence,
Je les recruble icy parmy ceux de la France.
Cognoisse qui voudra ce qui luy appartient,
A mon petit esgard je sçay où il m'en tient;
Meu de sainte fureur, je peins ainsi les crimes :
Non que de mes couleurs je fasse des maximes;
Mes pensers, comme oiseaux, volent de tous costez,
Pour voir s'ils trouveront quelques moynes bottez,
Car à ces nouveaux cas je reprens mon haleine,
Et aux subjects communs je suis plus mol que laine;
Mais tous s'en vont communs, amy, je le prevoi,
Et les cas reservez vont le chemin du Roy.

Il faut ceder au mal et luy prester l'espaule,
S'il ressemble au noyer, qui, tant plus on le gaule,
Tant plus est de rapport. Qui pourroit, c'est bien dict;
Moy, qui suis libertin, j'ayme le contredit.

Quand l'appetit me vient, pour l'appaiser je mange,
Et moy de me gratter si tost qu'il me demange.
Je ne me promets pas de refformer la Cour,
On prendroit aussi tost les lievres au tambour ;
Mais si Denyse, à qui ma plume fait tant guerre,
Qui a les yeux au ciel et le cul contre terre ;
Veut changer de methode et pleurer ses pechez,
Ny les anges ny moy n'en serons pas faschez.

A MONSIEUR LE BAILLEUL

LIEUTENANT CIVIL

SATYRE VII

Laissons *là les secrets de haute astronomie,*
Considerons un peu la physionomie;
Nous y sommes tenus, puisque Dieu en leurs mains
A bien voulu marquer les œuvres des humains,
Afin que chacun d'eux, les prevoyant, evite
Son malheur advenir par une sage fuite.
Que sert de se flatter au regard de nos corps?
Ils ont beaucoup de traicts pareils à ceux des porcs,
Des chiens, des chats, des loups, des renars et des aigles:
D'où vient que parmy nous il y a des espiegles,
Panurges, affronteurs, ainsi que des Catons,
Believres et Janins, Socrates et Platons;
Et, comme nous voyons, sans plus grandes enquestes,
Les naturels instincts et mouvemens des bestes
Se porter reglément à certaine action,
Ainsi l'homme qui naist de conformation

Ressemblant à quelcune, et en porte l'image
Sur ses pieds, sur ses bras ou bien sur son visage,
Si elle est furieuse, il sera furieux;
Si elle soucieuse, il sera soucieux.
Pierre est un vray renard : voyez sa teste rousse,
Son port, son doux maintien et sa barbe de mousse;
Voyez comme il sçait bien les gens amadouer,
Comme ce qu'il a dit il sçait desadvouer
S'il craint que son amy le somme en garandie:
Aussi tient on qu'il est de basse Normandie.
Encor qu'en tous climats naissent des gens de bien,
Si un homme est Normant, on croit qu'il ne vaut rien.
L'argument passeroit avec des lavandieres :
Car que vaudrois je moy, qui suis né des lisieres?
Guillaume, son voisin, a la teste d'un chien;
Il attend, il entend si quelcun luy dit : Tien;
Il abboye sans cesse, et si pince sans rire;
A toute impression son esprit est de cire.
Il a le nez au vent, et se paist de faux bruict,
Il juge le procés avant qu'il soit instruict.
Si l'on doute d'un tel s'il preste argent sous gage,
Ou de cest escuyer s'il a bien du courage,
Il tranche au mesme tans, pour vuider le debat,
Qu'il fit la cane un jour, sur le point du combat.
S'il a belle audience, il fait un long preface
Pour vous justifier qu'il ne tient que de race,
Offrant de ce qu'il dit bailler certificat,

Car il glose tousjours sur le Magnificat.
Luy faut il pardonner, s'il peche par nature,
Que Socrate changea par bonne nourriture?
La rigueur de son taint, son regard de taureau,
Le faisoient estimer un pillier de bordeau ;
Bref, sa complexion estoit toute malade.
Il se levoit pourtant d'auprés d'Alcibiade
De la mesme façon qu'il s'y estoit couché,
Et pour rien n'eut voulu le prier du peché.
Le chrestien du jourd'huy sa passion confirme,
Disant : « L'esprit est prompt, mais la chair est infirme » ;
Qu'il appartient de rire à ceux qui sont bien nez,
Et que les amoureux ne seront pas damnez ;
Que l'Apostre sainct Paul est en ce lieu trop rude,
Qu'il est trop malaisé d'oster une habitude
Qui naist de la semence ou du puissant destin,
Que c'est où bien souvent raison perd son latin.
La Cour de ces discours son cerveau n'alambique,
Où parler contre amour est marqué d'heretique.
Non fait pas ce monsieur qui cherit tant son mal,
A cause que la femme est un bel animal,
Qui fut, comme il dormoit, tiré des flancs de l'homme ;
Mais n'auroit il point fait quelque voyage à Rome,
D'où ne revient cheval qui ne change de train ?
Luy ressemble au cheval, qui ne masche son frain,
Sur loy ny sur canon, decret ou clementine,
Hannissant tout le jour aprés une voisine ;

Son caprice l'emporte, il est dur à l'espron;
Son ame est une nef qui vogue sans patron,
A la mercy des vens, des flots, de la tourmente,
Rien ne luy est si doux que ce qui le tourmente.
Moy, s'il estoit permis en public se fesser,
J'ozerois bien icy mon humeur confesser;
Mais, sans passer plus outre, on me peut bien entendre :
Jamais les traicts d'Amour n'ont trouvé cœur si tendre
Que le mien en jeunesse, et à present encor,
Tantost celuy de plomb et tantost celuy d'or.
Baste si je n'estois affligé d'une instance,
Si du peché d'autruy ne faisois penitance,
Si, depuis quelques jours, celle dont la laideur
Dés la premiere veuë à la Cour a fait peur
N'osoit pas soustenir, tant elle est abusée,
Que je la dois payer, puisque je l'ay baisée.
Sur sa defformité j'espere neantmoins
Qu'on ne la croira pas, eut elle des témoins;
Qu'on dira que sa plainte est une pure fable,
Et qu'en tout et par tout elle est non recevable.
Mais aux premiers propos, de grace, retournons,
Et, s'il vous plaist, MONSIEUR, regardez nos Memnons,
Qui, trop subjects au gain, n'ouvrent jamais la bouche
Si d'escus au soleil le rayon ne les touche,
Fusse pour une veufve ou pour un orfelin,
Voire fut il yssu de Charles du Moulin,
Le pain quotidian de tous ces pragmatiques.

Considerons un peu, sur nos mathematiques,
Sous quel astre ils sont nez, et à quel animal
Ils peuvent ressembler, eux qui sont bons au mal,
Qui tremblent de frayeur de perdre leur prattique,
A qui tout point de droict semble problematique.
Leur conscience appelle, à chaque differant,
Soit à tort ou à droict, les juges à garant.
Mercure les domine, et ces poltrons bravaches,
Ces plaisans Jacquemars qui font la guerre aux vaches;
Mais la vierge Erigon ces grands orateurs fit
Curieux de l'honneur plustost que du proffit.
Avisez bien, leurs mains sont de vieux loups les pates,
Ils ont des yeux de linx à cotter jours et dates,
Pourveu, comme il est dit, qu'on leur face voir cler.
De mesme paste est fait maistre Simon leur cler,
Comme aussi l'usurier qui, prétant sa finance,
Ne craint pas d'exceder le taux de l'ordonnance,
Tyran de son déteur, qui n'ose sonner mot,
Et durant le contract tremble comme un marmot.
Jamais il n'est content; voyez sa face etique,
Son œil creux, son corps maigre, et sa soif d'ydropique
En matiere d'argent, dont jamais n'eut assez.
Il met l'usure au rang des pechez effacez.
Son Dieu, sa loy, son tout, c'est l'or et la monnoye;
Il a l'ongle crochu comme un oyseau de proye :
Vous aussi qui tenez pour article de foy
Qu'on gaigne les pardons à derober le Roy;

Et ces banqueroutiers, ces voleurs qu'il faut pendre,
Et ces rats de grenier, qui ont appris d'attendre
Que la famine vienne, et font vœu, ce dit on,
Que bien tost à Paris on trouve le pain bon.
Un d'eux par chacun an tuë plus de personnes
Qu'un jeune medecin en deux ou trois autonnes,
Qu'un advocat ne perd de causes en six ans,
Que Janne cet hyver n'a veu de courtisans.
Il a les mœurs de chat, le minois, ou je meure,
Ce tuteur effronté qui produit sa mineure,
Et, toutes ses façons succrant d'un doux sousris,
Vous diriez proprement qu'il guette la souris.
Il est tout tel qu'il faut en ce siecle perfide,
Où c'est le grand deffaut d'avoir l'ame candide.
Selon les gens, les lieux, il se faut refformer,
Et aux humeurs d'autruy les nostres conformer,
Avoir à ses desseins la volonté portée,
Bref, en tout et par tout se montrer un Protée,
Avec François François, avec Bretons Breton;
Les modes sont divers, il faut changer de ton.
Le monde est un pays où l'on faict la musique;
Qui ne sçait son métier, qu'il ferme sa boutique.
Lucidor, qui veut vivre en toute liberté,
Tousjours un, tousjours luy, n'y a pas bien chanté.
Voyez un peu son nez, ses yeux, sa chevelure :
Du genereux lyon il porte la figure;
D'avoir hanté Paris il est mauvais marchant,

Un lion ne peut pas faire le chien couchant,
Et c'est pourtant la beste à qui la Cour ressemble.
Sans fard ny passion, j'en dy ce qui m'en semble.
C'est pourquoy, de par Dieu, je garde la maison.
Qu'on die si l'on veut que je tiens de l'oison,
Qu'on die que je tiens de la cane petiere,
Si fait bien Marion, qui ne chet qu'en arriere,
Plus legere d'esprit que n'est un papillon;
Docte à mesler le blanc avec le vermillon,
Des poudres, des parfums, des eaus, sçait la finesse,
Qui peuvent redonner aux vieilles la jeunesse,
Et retendre les peaus d'un ventre rissolé;
Qui mainte fille, femme, a ja repucelé,
Qui replante un dentier avec tant d'industrie
Qu'on peut mascher dessus le beurre et la bouillie;
Et autre chose et tout, ce n'est mon interest.
Puis qu'il en faut parler, je di ce qui en est;
Nous devons à son art ces perles bien rangées.
Les beautez de Paris luy sont fort obligées.
La Medée de Cour, la sorciere qui l'oint
Pour aller au Sabat, la cognoissez vous point?
C'est dedans son tripot, ou plus tost ses echoles,
Que se font aujourd'huy les meilleures bricoles.
C'est beaucoup de sentir, à mon temperament,
Que ce grand air de Cour n'est pas mon element.
Je suis né soubs l'aspect des estoilles Pleyades,
J'en suis pour les livrets, j'aime les pourmenades,

J'ay le nez aquilin, qui me fait un raillard,
Mais pourtant en discours je ne suis pas gaillard,
Et, quand d'un peu d'aigreur mes vers je synapize,
Je n'en veux pas aux sots, j'en veux à la sottize.
Si quelcun veut glozer sur mes comparaisons,
J'ay dequoy le payer de fort bonnes raisons;
S'il ne veut recevoir de moy cette monnoye,
Deslors comme à present je le tiens un Bridoye.
Les raisons, dit un Grec, il faut bien recevoir,
Et doivent entre nous un grand credit avoir;
C'est le divin outil dont tous les hommes usent,
Qui, comme habits d'acteurs, en s'en aidant ne s'uzent;
Comment, veu qu'elles ont aujoud'huy tant de cours,
Que le monde pervers les met à tous les jours,
Qu'on s'en sert à Geneve aussi bien qu'en Sorbonne,
Que le vice est proneur, que la fraude raisonne,
Qu'au traffic, au barreau, l'on se fonde en raison,
Que la philosophie en fait sa venaison,
Que Macette s'en sert, qui, de fil en eguille,
Sçait venir à son but, quand elle dit : « Ma fille,
Ce n'est pas la raison qu'une telle beauté,
Faute de beaus habits, vive en l'obscurité.
Si vous n'avez dequoy, ne soyez plus revesche,
Quittez ce point d'honneur qui les esprits empesche,
Les bride et les retient, et qui n'est rien au fond.
Regardez bien plus tost ce que les autres font,
Ma fille, croyez moy, permettez qu'on vous voye.

Si vous voulez changer vostre estamine en soye,
Faites traffic des yeux, et troquez aux amans
Vos regards, vos baisers, avec des diamans.
Vendez à purs deniers ce joly pucellage,
Et ne le donnez pas comme on fait au village.
C'est assez fait la chaste, escoutez la raison;
Les fruicts sont bien meilleurs qu'on recueille en saison. »
Mais que jugeriez vous de ces dames romaines,
Subjettes comme nous aux passions humaines,
Et, bien plus qu'à nulle autre, à celles de l'amour,
Qui ne sortoient jamais, soit de nuict, soit de jour,
Sans porter ces discours de Platon fantastique,
Où il forme à son goust une autre Republique,
Affin de faire voir à leurs maris cocus,
S'ils s'en formalisoient, qu'ils estoient des Jan cus
De mettre un coup d'Estat au rang des infortunes,
Veu qu'un législateur fait les femmes communes.
Donques la raison est un baston à deux bouts,
Dont jouent icy bas les sages et les fous.
Or la Nature entre eux fit un joly partage :
Le sage se croit fou, et le fou se croit sage.
Si le bien et le mal gist en opinion,
On voit de quel coté tombe la lesion.
L'un se paist des horreurs de la melancholie,
L'autre à rien ne se plaist qu'à faire chere lie;
L'un est seulet, pensif, taciturne, escorné,
Comme si à jeusner il estoit condamné;

L'autre, joyeux et gay, ne demande qu'à rire,
Et quitte au Palatin ses droicts dessus l'Empire.
Le vray sage pourtant doit sentir ce qu'il est.
Ne pouvant sur ce point cotter mon interest,
J'en prens acte, et à vous, que si sage on repute,
Avec raison, MONSIEUR, j'en remets la dispute.

LAMIE

SATYRE VIII

Puisque à faire nos vers, ainsi qu'au mariage,
Nous éprouvons assez que tout sert en menage,
Que les petits subjects, par importun labeur,
Sont ceux desquels enfin l'on tire plus d'honneur,
Et, fut il question d'un ver ou d'une mouche,
D'un festu, d'un fourmy, d'un ciron qui accouche,
Je vous entretiendray, si vous avez loisir,
D'un conte, comme on dit, qui n'est fait à plaisir,
Mais bien plus tost, Monsieur, d'une nouvelle histoire.
L'homme que vous sçavez, l'autre jour, aprés boire,
Voulut sçavoir de moy, tant il est indiscret,
De qui j'avois appris quelque joly secret,
Et, pour m'y obliger, ce mignon de bouteille
Repeta maintefois : « De grace, à la pareille,
Faites moy part de ce dont je suis desireux.
Amy, si ce secret ne meurt entre nous deux,
Si à qui que ce soit ma langue le publie,
Mais s'il passe mes dents, ou si je ne l'oublie,

Je puisse mille fois mourir en desespoir;
Battez-moy, tuez-moy, vous en avez pouvoir. »
Les affaires d'autruy sont la bonne viande,
Ce sont les mets exquis dont son ame est friande;
Il n'a, depuis qu'il vit, aucun secret celé ;
Soit d'autres, soit le sien, il a tout revelé :
C'est un de ces vaisseaus tousjours pleins, tousjours vuides,
Dans lesquels sans cesser versoient les Danaïdes.
Tant plus il me pressoit, ce maupláisant balourd,
De contenter ses vœux, et tant plus j'estois lourd :
Car, outre le devoir qui oblige à se taire,
Il eut sur mon recit fait un grand comentaire.
Il n'a que du babil, et point de jugement;
Vous diriez, à le voir, que c'est une jument
Qui durant le printans amoureuse soupire.
Tousjours le nez au vent pour humer le zephire,
Il est tousjours en queste et recueille tous bruicts,
Comme de belles fleurs, qui luy rendent les fruicts
Que je vous veux montrer. Ce seigneur de Bavieres,
Un jour, continuant ses gentilles manieres,
Avoit dit à quelcun ce qu'il avoit voulu;
L'autre, de s'en vanger aussi tost resolu,
En prit l'occasion dedans une taverne :
Car c'est l'honneste lieu qui nostre homme gouverne.

* « Au tans, fit il, qu'icy se voyoient corbeaus blans,*
Que le bussard de vin ne valloit que six blans,
Que les bestes parloient, y eut une lamie,

Du repos des humains capitale ennemie,
Aveugle dans sa case afin de n'y rien voir;
Mais, quand il luy plaisoit, elle avoit le pouvoir
De s'adapter deux yeux de ne sçay quelle sorte,
Qu'un vieux sabot gardoit pendus à une porte.
Elle alloit penetrant jusques dans les foyers,
Enqueroit, furetoit, mieux que douze voyers.
Aprés avoir tout veu ce qu'on faisoit au monde,
Elle se retiroit dans sa caverne immonde,
Et, suivant sa coustume, ostoit ses deux grands yeux,
Lassez de tant loucher, de son front curieux.
Chez elle, où se faisoient cent mille villenies,
Ordures, salletez, poisons, sorcelleries,
Elle ne voyoit gouste, et le soleil qui luit
Ne pouvoit empécher qu'il ne fit tousjours nuit.

Ainsi nous renversons nature avec ses reigles,
Pour voir les faits d'autruy nous avons des yeux d'aigles,
A mordre, à censurer, à nuire diligens,
A nos propres erreurs nous sommes indulgens,
Et nous avons juré de n'accuser nos vices,
D'excuser nos deffauts et blanchir nos malices,
Pour sauver nostre honneur, celer nostre interest,
Et ne faire en ce cas le loup plus grand qu'il est.
Mais sur tout nous sçavons cacher un cocuage,
Car, encor que le bruict soit commun au village
Que nostre femme faict l'amour avec un tel,
Plustost que faire voir qu'en ayons du martel,

Et qu'un humeur jaloux s'empare de nostre ame,
Nous aimons mieux ceder à l'impudique flame,
Et comme des vieux cerfs porter cornes au front,
Sans nous imaginer que ce soit un affront;
Flatter et caresser les habiles vicaires,
Quand il nous apparoist qu'ils font bien nos affaires,
Qu'ils vous ont estrené des doux fruicts de Venus,
Leur dire à tous momens qu'ils sont les bien venus,
Qu'il ne faut s'arrester aux sottes medisances,
Pour leurs commoditez affecter des absences,
Comme Anselme, qui fut à son dam curieux,
Brouiller, negocier et traiter avec eux;
Leur préter, leur devoir, et leur faire querelle,
Au bout de quatre jours se revoir de plus belle;
Bref, par ces faux fuyans de la diversité,
Donner le change au bruit qui court dans la cité.
Ainsi Jean qui ne peut sa douleur dissimule;
Plus fantasque d'ailleurs qu'une fantasque mule,
Il est en cest estat si tres mortifié
Qu'encor que maintefois on l'ait certifié
Par lettres, par discours, et que luy mesme croye
Qu'il est archicocu, c'est comme il croit que Troye
Fut prise aprés dix ans avec ce grand cheval,
Comme il croit les raisons du solstice estival,
Un songe, un pronostic, une chose incognuë.
Le pauvret en ce cas veut avoir la berluë.
Il seroit mis au rang des plus sages humains,

Si les enseignemens il prenoit par ses mains,
Et s'il sçavoit poser sentinelle à sa bouche,
S'il ne se mesloit plus de ce qui ne le touche,
S'il n'estoit boutefeu, causeur et médisant,
Si tous mauvais propos il n'alloit attisant,
Si pour semer discorde il n'estoit une Erynne,
S'il ne sçavoit brouiller Ovide et sa Corynne.
Mais c'est une pitié que madame raison,
Encores qu'elle soit d'assez bonne maison,
Qu'elle passe en valeur les pierres precieuses,
Rencontre si souvent des ames dedaigneuses,
Des cocqs Esopeans qui n'en font point de cas,
Et la mettent tousjours au dessous des ducas.
Soient nobles ou villains, tabellions, notaires,
Banquiers ou artisans, marchans ou secretaires,
Chacun a pour raison ce qui luy vient à gré :
L'un est ambitieux au supreme degré,
L'autre au plus bas, mais nul n'est fort avec mesure.
La plus part des mortels chatouillent leur nature,
Et se croyent pestris à la perfection ;
Ennemis conjurez de la correction,
Autant comme on les voit amis de flaterie.
Je gage que ce sot pense encor que je rie.
Le vice est charlatan, il charme les espris.
Encor qu'il ait esté fort joliment surpris,
Qu'il ait esté frappé de ce coup assez rude,
Il ne quittera pas sa mauvaise habitude.

A MONSIEUR DE PRESLE

SATYRE IX

JE ne me puis tenir que je ne considere
La nature de l'homme et à quelle misere
Sa naissance l'oblige, à combien d'accidans
Son corps est exposé, soit dehors ou dedans;
Comme un voisin qui a sur luy quelque advantage
Peut, si luy vient à gré, ravir son heritage,
Prendre tout ce qu'il a et s'en accommoder,
Sans que, plein de dépit, il en oze gronder.
Les petits icy bas n'ont rien en leur puissance,
Il leur est deffendu de se mettre en deffence,
Les grands trouvent tousjours quelque autre plus grand qu'eux;
Jupiter est plus fort que tous les autres dieux,
J'entens de ces beaux dieux de la Metamorphose,
Affin que quelque sot sur mon texte ne glose.

Nous ne possedons rien qu'on ne nous puisse oster,
D'estre exempt de peril nul ne se peut vanter;
Richesses et honneurs, et plaisirs, et offices,
S'acquierent par argent ou au prix des services:

Rien ne depend de nous que nostre imaginer,
Et ceste faculté de pouvoir opiner
Si nous devons fuir ou desirer les choses,
Qui nous convertira les espines en roses,
Si nous en usons bien : or, pour en bien user,
A ce qui n'est à nous il ne faut s'amuser,
Ou nous serons souvent frustrez de nostre attante.
De peu, comme l'on dit, nature se contante.
Le pié sera tousjours la forme du soulier,
Le couteau de la gayne, et le col du collier.
Le corps de la richesse est la reigle certaine,
Il n'a pas de besoin d'un si ample domaine
Pour appaiser sa faim et-sa soif estancher ;
Il n'a pas de besoin qu'on dore le plancher
Du toit qui le deffend du froid et de l'orage.
L'homme peut icy bas jouer son personnage
Sans faire resistance aux loix de son destin,
Comme ce courtisan qui se leve matin
Pour estre des premiers au lever de son prince,
Qui le peut faire un jour gouverneur de province,
Qui le peut advancer aux charges et honneurs,
S'il recognoist qu'il soit de ses bons serviteurs,
Et qu'il n'ait autre object que sa bonne fortune.
Il court, il va, il vient, il suit, il importune ;
Bref, il n'est plus à soy; ses pas et ses propos,
Ses raisons, ses desseins, ses repas, son repos,
N'ont plus ny lieu ny tans, son orloge est au Louvre.

Me donnast on des biens plus que le ciel n'en couvre,
Je ne pourrois jamais faire tout ce qu'il fait.
Aussi le voyez-vous resveur, pasle et défait,
Representant au vif l'image du caresme.
Se changeant à toute heure, il n'est jamais luy mesme;
Il est souple aux humeurs de quiconque a pouvoir
De luy faire faveur; il sçait bien le devoir,
Et selon les degrez il fait les reverances;
Il sçait d'un compliment toutes les circonstances;
Plus tost mourir cent fois que d'y manquer d'un point.
Il vit de l'advenir, l'ambition le point,
Il tramble de frayeur que ses longues poursuites
Par la rigueur du sort un jour ne soient destruites.
Qu'il devienne marquis ou comte, il ne m'en chaut,
Et je ne voudrois pas en tenir un fer chaut.

Le sage, au demourant, veut tousjours estre libre,
Il veut couler ses jours ainsi que fait le Tybre
Ses eaux dedans son lict, sans jamais s'engager :
Madame la grandeur en pourroit enrager.
Riche d'un grand courage, il n'est point à la géne;
Il roule son tonneau avecque Diogene,
Qu'Alexandre le grand juge estre son pareil.
Son train est plus reiglé que le cours du soleil,
Il n'a pour tous moyens que l'espée et la cape.
Quand tous les cardinaux le voudroient faire pape,
Et tout le consistoire, il les priroit que non,
Car il n'est curieux d'honneur ny de renom,

Encor moins de thresors, de meubles, d'heritages ;
Ces choses, à son goust, ne sont que belles cages,
Qui tiennent un esprit doucement arresté.
Tout son contentement gist en sa liberté.
　　Les vœux sont differans en ce monde où nous sommes.
Jupiter, quand il pleut, ne plaist pas à tous hommes.
Pierre, qui en ses meurs tient un peu du lapin,
Tousjours clos et couvert, vit comme un fran taupin.
Il boit, mange et se vest, il se leve, il se couche ;
Quand on parle d'escus, l'eau en vient à la bouche
De la plus part de nous, et luy n'en a soucy.
J'estime son humeur qui le fait vivre ainsi,
Encor que la raison tous ses pas ne conduise,
Mais plustost le hazard, compagnon de bestise.
L'esprit le plus souvent ne nous fait qu'affliger.
Au lieu de nous remettre et de nous soulager,
C'est un brouillon qui verse en nostre fantaisie
L'avarice, l'orgueil, la froide jalousie ;
Il enfle nos poumons de sottes vanitez,
Il pourrit nostre foye en ces cupiditez
Qui s'advancent tousjours, et ne peuvent faire alte,
Qui nous font cracher blanc comme cotton de Malthe,
Des maistres furieux qui nous tiennent aux fers,
Qui nous font oublier les peines des enfers,
Et le loyer promis aux ames plus tranquilles
Qui ont sceu mespriser les debauches des villes
Et mettre soubs le pié les plaisirs de Venus,

Les pompes de la cour et les grands revenus.
Qui pourroit secouer leur fiere seigneurie,
Pour suivre les conseils de la philosophie,
Qui, contente de soy, ne souhaite plus rien,
O Dieu! qu'en peu de temps il acquerroit de bien,
Plus durable beaucoup, plus constant et solide
Que nos opinions, qui font mascher à vuide!
Car nous ne goustons pas ce que nous possedons,
Tousjours béans aprés ce que nous attendons.
L'espoir du bien futur nous serre et nous estrangle,
Nostre passion geind comme un asne qu'on sangle;
A nos propres despens nous faisons les subtils.
Jamais mauvais ouvrier ne trouva bons outils.
Cet esprit argumente en forme et en figure,
Il jouë à boute hors avecque la nature,
Il a recours à l'art pour trancher du sçavant,
De son poinçon ne sort goute de vin sans vant;
Il n'aime le repos, il recherche la peine,
Et les difficultez le tiennent en haleine.
Le monde n'auroit pas tant de crimes commis,
D'adulteres, de vols, si luy estoient permis;
Il ne faut pas douter que la difference hausse
Le prix des voluptez, c'est leur meilleure sausse :
Le contraste nous plaist, et ce qui est amer
En la chasse d'amour, c'est ce qui fait aimer.
Nous mesprisons les biens qui nous viennent en haste,
Nous sommes composez d'une fascheuse paste.

Pour moy, je me veux mal, et en suis tous les jours
A refformer mes pas, mes façons, mes discours,
Et l'entretien commun de nos gens me degouste.
Je voudrois à Noël estre à la Pentecouste.
Je me meurs de regret que je n'ay prattiqué
Les livres que j'ay leüs, que je n'ay rebecqué
A la sottise, au mal; et d'ailleurs, quand je pense
Que l'on se fait haïr pour toute recompense,
Qu'un homme, quoy qu'il soit aux vices desbordé,
N'a rien tant à dégoust qu'estre reprimandé,
Je m'en vai comme un loup la queüe entre les jambes,
Et je coupe, discret, les pieds à mes ïambes.
Quand je voy que les bons sont icy le joüet
Des riches insolens, et que je suis floüet,
Que je suis marié, qu'il est bon que je suive
Le grand chemin des bœufs, qu'il faut que chacun vive,
Je me remets au train de ma vieille leçon,
Et, comme en sa coquille on voit un limaçon
Qui se paist de son suc à faute de rozée,
J'avalle ma colere ou la tourne en rizée.
Je retourne l'aigreur de mon style sur moy,
Je rumine ma vie, et me fasche de quoy
Je l'ay tousjours passée en si grande licence,
De demain à demain remis la penitence.

J'enseigne mes enfans à vivre en bons chrestiens,
Je leur di qu'il ne faut jetter son lart aux chiens,
Qu'ils soient bons mesnagers et tout ensemble honnestes,

Qu'ils ne changent pourtant de poil selon les festes ;
Qu'ils soient, s'ils ont dequoy, tous les jours bien couvers,
Puis qu'il est necessaire en cet aage pervers,
Qui regarde aux manteaux, qui nous taxe et nous prise
Selon qu'ils sont doublez de velours ou de frize ;
Qu'ils soient tels en privé qu'ils sont devant les gens,
Un peu plus que le feu qu'ils craignent les sergens,
Et qu'ils croyent partant que devoir est un crime ;
Qu'ils jouënt à la paume, aux echets, à la prime,
Si le cœur leur en dit, et jamais à trois dez ;
Qu'ils n'aillent aux putains avec ces debordez
Qui n'y ont rien gaigné qu'une franche verole :
L'exemple des voisins est une bonne escole ;
Qu'ils ne soient paresseux en leur profession,
Et qu'ils soient comme il faut piquez d'ambition.
A ma fille je di qu'une fille trop veue,
Tastée, cajolée, est moins chere tenuë.
Je tasche à reparer mes manquemens en eus.
Vous qui estes parfaicts, je vous tien bien heureux ;
Si le bon heur habite ez consciences nettes,
Moy je ne feray pas rebrousser les planettes,
Ny changer mon genie aux plaisirs attaché,
Aux banquets et aux ris ; j'en suis assez fasché.
  Je n'ai veine, ny nerf, ny muscle, qui ne tire
Sa vertu de ce feu qui donne la satyre ;
Si quelque vicieux m'en vouloit accuser,
MONSIEUR, à qui j'escri, m'en peut bien excuser :

Ma nature m'y porte, et luy en est la cause :
C'est donc la passion qui l'anime en sa cause.
Qu'il jette son venin, c'est dequoy je me pais ;
Le proverbe m'apprend que baston porte paix.
J'ay dequoy rabroüer les importuns langages,
Et m'y emploieray comme un valet à gages.
Les cœurs, les mains, les pieds, soient au mal obstinez,
Je leur donne gaigné si je saigne du nez,
Et si comme des cerfs mon styl ne les relance,
Plus aigu mille fois que le fer d'une lance.
Sans doute j'en seray plustost las que foulé,
Encor que l'hoste soit tousjours le plus soulé,
Et c'est moy, de par Dieu, qui met icy la nappe,
Qui fourny de papier, et que ma plume drappe :
Car, de vray, j'en vau bien un autre prix pour prix,
Et fust il, s'ay je peur, aussi fort qu'un chien gris.

  Mais, si au tans qui court sa sagesse est merveille,
J'en puis bien demander pardon à la pareille.

LES PEDANS A TABLE

SATYRE X

Mais *conte moy*, Monsieur, *comment vous a traictez*
Celuy qui vous avoit hyer au soir invitez;
Si son vin estoit bon, et si l'as agreable;
Fai moy part quand et quand de vos propos de table.
— Il nous a bien traictez, nous estions neuf ou dix,
Qui avions le canard, le levraud, la perdrix,
Bon vin blanc et clairet, toute viande exquise,
Becaces et faisans; au reste je t'advise,
Que j'eusse mieux aimé souper à ma maison
Du petit ordinaire, et non point sans raison.
Durant tout le souper on ne fit autre chose
Que disputer, crier : l'un approuvoit la prose,
L'autre les vers, chacun faisoit sa question,
Les autres respondoient; mais, par ambition,
Nul ne vouloit ceder; je gardois le silence,
Encor qu'on m'attaquast; un, plein d'impatience,
Me dit que je parlasse, et que je fisse voir
Par quelque beau discours si j'avois du sçavoir :

Au lieu de repartir, je fis une grimace
Qui monstra la cholere emprainte sur ma face;
Je fis ce que je peus affin de l'obliger,
S'il y avoit moyen, de plus ne m'afliger.
A tous interrogats je disois ouy et voire;
Bien que je n'eusse soif, je demandois à boire.
N'eut esté le respect du maistre du banquet,
J'avois le bras levé pour punir son caquet.
Mais quoy! l'on est blasmé quand on trouble la feste;
Ce diable de pedant croit qu'on est une beste
Quand on ne parle point au milieu du repas :
Car mesmes en beuvant il ne se taisoit pas.
Il murmuroit encor ayant le nez au verre.
Entre tant de sçavans il y a tousjours guerre;
Ce ne sont la plus part que des esprits troublez
D'orgueil, d'ambition, de vanité comblez,
Qui se vont nourrissans de vent et de fumée,
Qui, au lieu de vertu, suivent la renommée;
Et, pour mieux l'acquerir, ces messieurs les sçavans
Sont desireux sur tout d'estre surpris resvans;
Criailleurs et testus, bref subjects à tous vices,
Ennemis conjurez des communs exercices,
Scrupuleux sans raison où il ne le faut pas.
L'yvrongne devant eux n'ose faire un faux pas.
Le vulgaire les suit, les croit et les admire,
Sur les foibles esprits s'exerce leur empire.
Vous les recognoistrez assez facilement

A l'humeur andoüillique et à l'habillement.
Ils ne cherissent rien, sinon leur propre verve;
Leur mere les conceut en despit de Minerve;
Leur barbe est en desordre, aussi sont leurs cheveux,
Et jamais les miroirs ne furent faicts pour eux.
Ils seroient bien faschez d'avoir lavé leur bouche,
D'avoir lavé leurs yeux au sortir de la couche;
Qu'on ne les vit traisner et l'hyver et l'esté,
En dépit de la Cour, un long manteau crotté.
Ils affectent si fort une façon maussade
Qu'ils tiennent sur les rangs le propre Alcibiade,
Et se rendent fauteurs du sale Depiton,
Qui fouloit à deux pieds les meubles de Platon;
Roupieux, tenebreux, crasseux, ils font curée
Des mots du Philosophe à la cuisse dorée;
Cagotaille gottique, ennemis de tout bien,
Qui pensent tout sçavoir, et qui ne sçavent rien.
Mais c'est une pitié comme ils drappent la mode,
Et luy baillent souvent le foit sous la custode;
Ne pouvans pas gouster que de l'honnesteté,
D'effect comme de son, proche est la netteté.
Cousins de l'Aretin, artisans d'impostures,
Ils ont, en fait de mœurs, inventé des postures;
Sages en apparence à l'esgal des Catons,
Et qui n'imitent pas l'exemple des moutons,
Qui font voir par leur laine, au tans de la tonture,
Non par le beslement, leur bonne nourriture.

Ostez moy ces diseurs qui n'aiment que le bruict;
Les arbres plus feuillus portent le moins de fruict;
Et ces chiens importuns qui de çà de là raudent,
A tous coups en deffaut, qui sans cesse clabaudent,
Ne valent pas grand chose; aussi le bon veneur
Les chasse incontinent, curieux de l'honneur.
Que sert il d'avoir leu le Maistre d'Alexandre,
Et se vanter par tout de le pouvoir entendre?
Que profite sçavoir demesler le monceau
Du subtil Chrisippus, si l'on est tout nouveau,
Tout froid et tout niais au point d'une bataille,
Et si l'on n'ose aller deffendre la muraille;
Si l'on est blanc de peur et le courage faut,
Quand il est question de soustenir l'assaut?
Est ce pour le discours, ou si c'est pour l'usage
Et pour les actions qu'il faut devenir sage?
Est ce assez de sçavoir de ranger sur le doy
Les branches des pechez, les raisons de la foy,
De parler en devot des cas de conscience
Et des fruicts que produit la vraye penitence,
Concilier Thomas avecque Jean l'Escot,
Et payer d'un sermon l'hoste de son escot?
Est ce assez qu'au dehors le scandale tu fuycs,
Est-ce assez d'asseurer depuis les grandes pluyes
Qu'on a faict aucun mal, et que le monde put,
Qu'on fait tout ce qui est necessaire à salut,
Si ces braves discours ne sont pas veritables,

Si à nos actions ils sont trop dissemblables,
Sans lesquelles on tient que nostre foy ne vit?
Marmoter jour et nuict les Pseaumes de Davit,
Des Pater, des Ave, sans mesure et sans nombre;
Preferer au vray corps la vanité de l'ombre;
Au lieu d'estre soigneux de conduire au compas
De la droitte raison, à la vertu, nos pas,
De taster, de tenter si nostre ame, confite
En raisons et discours, par le dedans profite?
　　Rien n'est si odieux qu'un babil triomphant.
Je fay, tu le sçais bien, instruire mon enfant;
Mais je crain que son maistre, imbu du pedantisme,
Ne luy verse en la teste un mauvais catechisme;
Qu'il ne luy recommande, estant en un festin,
De lascher bien souvent des tripes de latin,
De tousjours ergoter, et, contre la commune,
Soutenir qu'on peut faire une cotte à la lune,
Qui luy pourra servir en son rond et croissant,
Mesmes en ce quartier qu'elle va renaissant;
Qu'encor qu'on luy cedast, d'humeur contradictoire,
Il ne reçoive pas sans combat la victoire;
Qu'il n'aye jamais fait, qu'il recommence encor;
En parlant vray pedant, qu'il pense dire d'or;
Qu'il ne sente jamais que son jugement cloche,
Qu'il gronde entre ses dens, comme fait une cloche,
Qu'il relance ses gens pour se montrer disert,
Qu'il se croye un S. Jean préchant dans le desert;

Qu'il ne luy die encor que le vieux Pytagore,
Qui vouloit qu'on se teut, estoit une pecore;
Qu'il n'est que de citer Bartole et Salicet,
Que l'homme estoit un sot qui fit le Quos decet,
Disant qu'à nos amis il faut estre facile;
Qu'il tranche qu'en ce point il ne parle Evangile.
L'astre de sa naissance, ennemy de mon bien,
Plus tost en face un gueu qui ne possede rien,
Un cruel bandolier qui coule ses années
A garder quelque pas dans les monts Pyrenées,
Un pauvre païsan vivant de son labour,
Ou plus tost que jamais n'eut salué le jour.
Que la mort, à mes vœux severement propice,
S'il doit estre importun, bien plus tost le ravisse :
Elle deschargera le monde, en ce faisant,
Aussi bien comme moy, d'un fardeau tres-pesant.

LE PRESIDENT DE MESMES

SATYRE XI

Encor une et puis plus, pour faire la vingtaine.
J'apperçoy maintenant que c'est chose certaine
Que faire vers, ou non, ne depend pas de nous;
Que, quand on nous auroit embrassé les genous,
Nous ne pourrions tirer de nos fantasques testes
Ces mots qui dans un livre expriment des tempestes,
Encores moins ceux là qui peuvent animer,
Tant ils sont emmiellez, les dames à aimer,
Et transmuer en feux leurs glaces desdaigneuses,
Qui leur donnent la fievre et les rendent réveuses.
Il faut que nous soyons de nous mesme en humeur;
Que nostre sang s'eschauffe, et qu'il y ait rumeur
Au fond de nôs esprits; qu'une force divine
Trouble la fantaisie, ainsi que la piscine
Qui donna guerison au vieux paralytic.
C'est un bon medecin qu'un homme satyric,
Lors que, sans passion, par voye legitime,

A la mode d'Horace il sçait toucher un crime.
Juvenal est trop aspre, et si nomme les gens;
Perse fait plus de peur que quatorze sergens;
Renier coule assez bien, si les eaux estoient pures;
Sigognes est parfaict à dire des injures,
A dechifrer des nez, des yeux, des vieux manteaux,
Et ses vers en tel cas sont des coups de marteaux.
Sur le dos malautru de ceux qu'il veut maudire,
Il a laissé le bon, et a chassé le pire.

Car il faut s'exercer sur les esprits malins,
Et laisser là les nez, camus ou aquilins,
Laisser là les bossus, les boiteux et leurs hanches,
Approuver un pourpoint pourveu qu'il ait deux manches.
Ny le corps, ny l'habit, les courts ny longs cheveux,
Ne font le moine icy, mais la vie et les vœux.
Il ne faut s'amuser aux vaines bagatelles.
La prodigue coquette a le cœur aux dantelles,
Et au cher point coupé; si son triple collet
N'en est accommodé, croit que son corps est let.
Madamoiselle, quoy! elle est desesperée

. . . . .

L'autre tasche à couvrir sa laideur d'affiquets;
Ses bras, son maigre sain, sont chargez de bouquets,
Comme au jour de sa feste un baston de village.
A ce soin d'agreer compensez le visage.
Les hommes sont ornez de riches passemens,
Et ne sont scrupuleux de faire faux sermens,

Ou, si la preuve en est tant soit peu malaizée,
De nier un depost ; leur langue est toute uzée
A force d'affirmer qu'ils sont vos bons amis ;
Mais, si quelque secret vous leur avez commis,
Vous estes asseurez qu'ils vous tiendront en bride.
Au reste, leur nature est grandement timide.
Quand il est question d'obliger un amy,
Ils n'auront pas un sou jusqu'à la Sainct Remy :
S'il faut prester argent, leurs debteurs ont ce terme,
Les autres S. Martin, qui ont leurs biens à ferme.
Plus constans que rochers en la prosperité,
L'amitié se mesure avec l'utilité,
Avec les passetemps et la bouffonnerie.
Le monde, à dire vray, n'est qu'une momerie,
Un jeu de tirelaisse, où les simples esprits,
Qui vont leur grand chemin, le plus souvent sont pris.
L'honneur est un fantosme, et la foy est un leurre ;
Nous faisons la plus part à Dieu barbe de feurre.
Faire profit de tout, c'est le vieux quolibet ;
Qui ne le croit d'enfer qu'il s'en aille au gibet.
Nostre religion ne sert plus que d'un masque,
Sous lequel à present se fait maint tour de basque.
La malice du temps adjouste aux sept pechez ;
Les pauvres confesseurs y sont bien empeschez,
Pource qu'à nouveau mal nouvelle penitence.
On va reimprimer les cas de conscience,
Et dit on qu'ils seront aussi gros cette fois,

Ou bien peu s'en faudra, que Plutarque en françois.
L'atheiste y lira ses males advantures,
Les greffiers y verront leurs cheres escritures,
Ils contiendront les coups des braves financiers,
Et les tours du baston de tous les officiers;
La peine des menteurs qui pensent faire accroire,
A force de jurer, que la neige soit noire;
Des princes qui, au lieu de donner le repos
Et l'aize à leurs sujects, les surchargent d'impos,
De tailles et tribus, si bien que leur echine
Ploye comme le bois d'une foible machine;
Des femmes qui auront, en faveur d'un amy,
Hasté par le poison le trespas d'un mary;
Des prestres indevots qui n'auront dit leurs heures,
Et des banqueroutiers qui changent leurs demeures;
Des devins, des sorciers et des magiciens,
Des mauvais medecins et des pharmaciens;
De toy, tuteur suspect, qui d'un pupil te jouës
Et de son revenu te donnes par les jouës.

Nos cœurs et nos pensers demeurent arrestez
Aux plaisirs qu'à nos sens donnent les vanitez;
Les tourmens que l'on dit attendre en l'autre monde
Ceux dont l'impieté sur l'incertain se fonde
Sont creus ainsi qu'on croit ce qui ne touche point,
Comme qu'auprés du ciel la terre n'est qu'un point.
On les voit de si loing que l'œil en perspective,
J'entens l'œil de l'esprit, jusques à eux n'arrive.

Par ce brave moyen le corps d'un elephant
Ne paroist qu'un ciron; en fin c'est jeu d'enfant
Que nostre opinion, qui se borne à son aize,
Qui brille et qui tressaut comme l'eau sur la braize.
Nos desirs sont fievreux, et nostre volonté
Se tourne tantost d'un, tantost d'autre costé.
Aujourd'huy plus devots que chartreux ou qu'ermites,
Nous sommes bien faschez quand matines sont dites,
Et nos cœurs penitans ne respirent que Dieu;
Nos corps mortifiez ne se plaisent en lieu,
Tant qu'ils sont à l'eglise, où nous rions aux anges,
Qui sont bien estonnez de nos façons estranges,
Que nous n'ayons point pœur de ces feux eternels.
Jean, dés le lendemain, va dans tous les bordels,
Il n'est pas si souvent chez luy qu'à la taverne,
Ou avec un Aterge il boit à la moderne;
Aux putains et au vin il a mis son penser,
Son oncle est resolu de ne l'en plus tenser;
Aussi bien ne fait il que s'y rompre la teste :
Qui pourroit arrester le cours d'une tempeste?
Tout rassoté qu'il est, il fait de l'entendu.
Son lit executé naguerès fut vendu;
Le sergeant effronté, quand ce vint aux custodes,
Fit un cri qu'on ouït là bas aux antipodes.
Bien qu'il soit tous les jours de ses voisins mocqué,
Que de mille brocards il se voye attaqué,
Il n'en fait pas semblant, il s'y rend insensible,

Il dit que pour bien rire on n'offense la Bible :
Car il est un peu clerc, mais il n'advise bien
Qu'il ne sera qu'un sot quand il n'aura plus rien.
S'il estoit marié, ce seroit encor' pire ;
Chacun cognoist assez l'humeur du jeune sire,
Qui pour boire et jouër neglige son traffic,
Laisse mere et petis affamez en leur nic.
O Dieu ! quelle sottise ! A ces prodigues peres
Que les loys du pays ne sont elles severes !
On leur devroit au moins, comme on fait aux mineurs,
A faute de bon sens, creer des curateurs :
Car c'est tuer soy mesme avec sa geniture,
Que dissiper les biens dont pend la nourriture,
En peine et en sueur de long temps amassez ;
C'est causer du regret aux parens trespassez.
L'autre ne feroit pas en dix ans une aumosne,
Quoy que chaque dimanche on le maudisse au prosne ;
Il est si tres-mesquin et avaricieux
Qu'il ne croit plus de Ciel : ses escus sont ses dieux ;
Il craint plus que la mort que son bien diminue,
Il est tout dechiré, sa femme est toute nuë,
Ou ses habillemens sont des haillons usez ;
Sa barbe est proprement celle des accusez,
Et jamais le barbier ne le tond ny le pense.
Il pleure quand il faut faire de la depense ;
S'il mange, c'est du pain, encore bien petit,
Et n'est selon son goust sausse que d'appetit ;

Mais ses dens vont bien dru quand quelcun le convie;
Ses valeureuses mains imitent la furie
D'Achilles combattant, lors qu'elles vont au plat,
Ou d'un diable affamé qui déjeune au Sabat ;
Un autre prez de luy ne fait pas ses affaires,
C'est la peur et l'effroy des tables estrangeres.
Si chacun a son vice et sa propre façon,
Si l'esprit en nos corps est un maistre maçon,
Qui tantost suit les loix et tantost s'en eslongne,
Selon que l'appetit luy taille sa besongne,
Duquel és actions il peint les mouvemens,
N'eslevera t'il pas de rares bastimens
De foin et de festus enduits de viles fanges?
Peut il pas esperer d'estre semblable aux anges
Quand Dieu l'aura tiré de l'obscure prison
Dans laquelle il n'a pas usé de la raison,
Son precieux mereau, sa glorieuse marque,
Mais aux vens de l'erreur abandonné la barque,
Sans crainte, sans soucy de venir à bon port,
Sans penser qu'en naissant nous allons à la mort,
Que du bien et du mal il faudra rendre conte,
Aussi bien le baron et marquis que le comte,
Le marchand, l'artizan, le prestre et laboureur,
L'esleu et le sergeant comme le procureur,
Qui a le diable aux mains, et, pour toute science,
Tient qu'on ne sçait encor où est la conscience,
Et bien moins ce que c'est? Il pousse, il s'entremet,

De son pauvre client il barbouille l'armet.
J'en sçay plus mille fois que je n'en oze dire,
Non que j'aye éprouvé des plus mauvais le pire,
Mais je suis resolu d'escrire sobrement,
Et des fautes d'autruy tirer enseignement.
Un langage indiscret n'appartient qu'à des pies,
Et puis j'ay leu l'arrest contre les vers impies.
 La terre est assez grande, où se font tant de maux,
Où la plus part des gens vivent comme animaux,
Pour fournir de matiere aux plus fâcheux caprices,
Sans mener guerre aux cieux, et chercher des supplices,
Ou, comme ces geans, pour le juste loyer
D'un effort insolent, se faire foudroyer.
L'ame, qui se souloit d'objects communs repaistre,
Veut, la folle qu'elle est, se joüer à son maistre.
Nos yeux prennent l'essort, et nos pieds, et nos mains;
Les femmes aiment l'œil de leurs cousins germains,
Elles sont moins souvent en leurs maisons qu'aux ruës :
Ny aller, ny venir, c'est à faire aux tortuës.
En depit des prescheurs, il se faut contenter,
Monstrer un sein de neige et les pecheurs tenter,
Paroistre en doux attraits sur les autres moins belles,
Comme au calandrier les festes solennelles
Sur les jours ouvriers; et les hommes du tans
Sont parfaicts de tout point s'ils sont vrays charlatans,
S'ils sçavent adorer ces enfans de Fortune,
Qui furent, comme choux, plantez en bonne lune.

C'est d'où le beau Gilet a tiré son honneur,
Qui sceut si dextrement troquer une faveur;
Au milieu de la Cour il en tenoit boutique.
On se moque de ceux qui vivent à l'antique,
Qui font difficulté de mentir à propos;
Au goust d'un vieux routier ce ne sont que des sots.
Aussi, qu'il pleuve ou gele, ou que le tans se hausse,
Vous leur voyez tousjours un mesme haut de chausse,
Mesmes souliers, pourpoint, et un mesme manteau,
Qui a servy souvent de ciel et de rideau,
Mais, trop las de durer, creve sur les épaules
De ces nobles resveurs qui censurent les Gaules.
Bref, les humains icy suivent leurs passions;
En matiere d'amour ce sont des Ixions,
En fraudes et larcins ce sont des Prometées,
Des Judas à leur maistre, en contract des Protées.
Leurs esprits, qui pourroit les voir, sont tous plastrez,
Et ne sçay si l'on doit se fier aux chastrez
Pour les constituer gardiens de nos filles,
Et s'ils n'y voudroient point tramper leurs flasques quilles.
On s'en sert hardiment, car leur effort est vain,
Et la paste ne s'enfle à faute de levain.
La raison ne fait plus en nos cœurs son office,
Mais la peur que le monde evente nostre vice;
Nous nous estudions à broyer des couleurs;
Pour peindre nostre fait, nous sommes des voleurs.
Ce qui est deu à Dieu, nous le rendons à l'homme.

Nous sommes endormis d'un lethargique somme.
Celuy qui nous reprend n'est plus de nos amis;
Moy qui brouille cecy, je m'en suis trop permis :
Car, au lieu de penser à la vie eternelle,
Celle cy m'a ravy l'esprit et la cervelle;
Je me suis devoyé du chemin des vertus;
J'ay creu que les plus fins estoient les mieux vêtus,
De l'heur de mon voisin mon ame s'est emeue,
L'esclat de la grandeur m'a donné dans la veue.
Une autre fois j'ay creu que la perfection
Estoit de s'exercer à la devotion,
Que la mort aussi bien estoit proche et commune,
Que la prudence estoit vasalle de fortune :
Temoin cet Adonis, qui fut maistre passé,
Qui n'est plus en faveur pour un verre cassé,
A l'heure qu'il croioit qu'en ce siecle de bouë,
Aux affaires humains il n'y eut plus de roüe.

Le plus seur est, MONSIEUR, qui en avez plus veu
Que je n'en puis entendre et que je n'en ay leu,
De suivre doucement le cours des destinées,
De penser que deja nos meilleures années
Ont passé vistement, et qu'il faut essayer,
Si peu qui nous en reste, à le bien employer;
Que le monde est un bois tout remply d'embuscades,
De ruses, trahisons, remises et cassades,
Et que, tel qu'il puisse estre, il en faut deloger,
Comme le pellerin d'un pais estranger,

Le voiageur recreu de son hostellerie,
Ou bien comme celuy qu'aux nopces l'on convie,
Qui sort gay de la table aprés avoir disné.
Quelque muguet dira que c'est bien deviné,
Que je suis un grand sot de farcir ma satyre
De discours serieux, au lieu de mots pour rire.
Mais ce n'est pas à luy de me donner leçon,
Puis que je ne prens rien de toute ma façon.
Ainsi comme il me plaist de mon sens je m'escrime,
Non que je ne voulusse estre dans son estime,
Si ce n'est un niais, un Jobelin bridé,
Qui ne parle jamais qu'avec un front ridé :
Car il faudroit que j'eusse une bonne escritoire
Pour escrire à son goust, comme vous pouvez croire.

A MONSIEUR DU ROUVRAY

SATYRE XII

PUISQUE monsieur Haligre a maintenant les seaus,
Pensez que vos amis vous vont voir à monceaus,
Et que tel qui souloit, envieux, vous maudire,
Vous donne le bon-jour à cause de la cire,
Qu'il vous fait les doux yeux, et, d'un discours de miel
Animé d'un souris, appelle coup du Ciel
L'heureuse election de ce grand personage,
Qui pourroit garantir un Estat de naufrage.
Il vous jure qu'il est jaloux de vostre honneur,
Qu'il est participant de ce rare bon heur;
Comme vostre valet, qu'il aspire à la gloire
Et au contentement de le vous faire croire
Plus tost par des effects que par de vains propos.
Les grands, au tans qui court, sont le jouet des sots.
Ceux là, suivant la loy de la belle acortize,
Se croyent obligez de souffrir la sottize,
De luy permettre en tout de jouir de ses droicts,
La voyant doucement regner en tous endroicts.

On ne distingue plus le poli du barbare,
Ny le bon du mauvais : le merite est trop rare.
A grand peine, entre mil, en trouveriez vous un
Qui fût tant seulement garni du sens commun ;
Mais pourtant le plus fol a l'ame assez hardie
Pour conter librement aux saincts sa maladie ;
Importuner le Ciel, les Graces, le Destin,
De le faire aussi beau que le jour au matin ;
De luy donner l'amour de quelque illustre dame,
Qui die en le baisant : « Tu es roy de mon ame ; »
De le faire monstrer au doit par les passans,
Et le mettre en estime auprés des plus puissans,
Qui tiennent à honneur de le voir à leur table,
Et que vous, DU ROUVRAY, luy soyez favorable.
Vous estes à son gré depuis les roys derniers ;
Si les hommes pouvoient se prizer en deniers,
Selon mon jugement, vous egalez la somme
Que d'icy à cent ans l'Eglise porte à Rome ;
Vous valez plus d'escus que n'en ont aujourd'huy
Nos bons donneurs d'advis, de cet Estat l'apuy,
La baze et la colonne. Où vas tu, ma satyre ?
Mais le sort ne vous a rendu meilleur ny pire.

  Comme vostre voisin, je sçai vos actions ;
Vous n'avez point trampé dedans les factions,
Ny vos freres aussi ; vostre foy ne trafique
Des symptomes du tans ; vous vivez à l'antique ;
Vostre ame genereuse est de si bon alloi

Qu'elle a pour seul object le service du roy ;
Si cet estat de grace où vous estes ne change
Vos façons et vos mœurs, vous approchez de l'ange.
Vostre bon naturel n'a point rompu son cours,
Ceste courtoise humeur se met à tous les jours,
Au fond de vostre cœur ne loge la feintize,
Vous estes le patron de la mesme franchise :
Elle a voulu poser son siege en vostre front ;
On ne cognut jamais homme qui fust si pront
A servir ses amis d'effect et de parole.
Vous n'avez jamais leu ny Jason ny Bartole ;
Mais Dieu vous a pourveu d'un jugement si droit
Que vous pouvez sans eux resoudre un point de droict,
Trouver expedient d'accomoder l'affaire.
Vous estes bien souvent juge compromissaire,
On remet en vos mains les plus grands interests,
Sans robe et sans bonnet vous donnez des arests.
J'en parle asseurement, et si l'on m'en doit croire :
Car j'ay bien plus d'esprit que je n'ay de memoire ;
Je me cognois en gens, j'ay le nez aquilin,
Je suis nay de l'estoc du prophete Merlin,
Et pouvois esperer des moyens plus honnestes,
Si ce siecle brutal n'eut adoré les bestes.
Je ne gagnerois rien de m'en estomaquer,
J'auray bien plustost faict d'en rire et m'en moquer.
Si le bien me venoit, j'ay des mains pour le prendre ;
Sinon je ne suis pas resolu de me pendre,

Ny forcer le bonheur : bon pour ce patelin,
Qui est aussi doüillet comme un rat de moulin,
Qui, en mots bien triez et en geste qui dance,
Dit qu'il cherit un tel autant qu'homme de France,
Affin que son portier, qu'il courtise bien fort,
En tans et en saison luy en face rapport.

Vrayement je suis bien prest d'attraper la fortune,
Qui n'ay jamais appris comment on importune,
A faire le miclot et à jouer les deux,
Qui vay, comme l'on dict, le grand chemin des bœus,
Qui ne flatte ny mens, qui di ce que je pense.
Bien que j'aye l'honneur de vostre cognoissance,
Et que je sçache un peu les regles du devoir,
Depuis cinq ou six mois je n'ay osé vous voir,
Fuiant l'opinion d'estre un homme folastre,
Qui en prosperité ses amis idolatre,
D'estre quelque lourdaut, fol à double rebras,
Qui en aime bien mieux la manche que le bras,
Qui ne cherit en eux rien moins que leurs personnes,
Leur grace, leur merite, et ne les trouve bonnes
Que selon les faveurs et le bien qu'ils luy font.
J'ay la vergogne aux yeux et le respect au front;
A l'aune de vertu les hommes je mesure,
Je ne les prise moins, s'ils sont vestus de bure,
Que les voyant couvers de pane ou de satin,
Et je ne daignerois m'en lever plus matin
Pour estre des premiers au lever d'un marane,

Soit il duc ou marquis; mon humeur ne profane
L'honneur et le devoir, je ne les rends sinon
A ceux qui par beaux faicts acquierent du renóm,
Mais non pas aux plus grands qui s'adonnent au vice.
Il faut, mesme en ce cas, observer la justice :
On doit louer les bons et leur donner des vers,
Les peindre et les graver en dépit des pervers.
Tel vilain me revient cent fois plus que tel noble;
Tout vin n'est à mon goust qui croist en bon vignoble;
Les ventres sont fautiers ainsi que les climas,
J'ayme mieux de bon drap que de meschant damas.
Ne me tenez jamais que pour un hypocrite
Si c'est vostre fortune, et non vostre merite,
Justement advoué dedans le Thymerais,
Où, comme un clair soleil, il inspire en ses rais
Des desirs curieux de vous faire service,
Qui a piqué ma muse à rimer ce caprice.

LA TROUPE

SATYRE XIII

Or sus, Pere Boilleau, du Charmoy, les Robers,
Compagnon et Moreau, je vous donne des vers;
Cependant que je suis sur le mont de Permesse,
Il vaut mieux m'acquitter de la vieille promesse.
Si la loy nous enjoint d'aimer nos ennemis,
A plus forte raison d'honorer nos amis;
L'amitié, à mon goust, est chose tres-sacrée,
C'est ce qui nous console et ce qui nous recrée,
C'est la rare vertu qui se pratique ez cieux;
Où d'un mesme vouloir les esprits glorieux
Louent le souverain et font ce qu'il commande;
C'est ce qui fait durer nostre joyeuse bande,
Que jamais l'envieux ne pourra traverser.
Il n'est rien de si doux que rire et converser
En toute liberté, que d'ouvrir sa pensée.
Je suis un roy voyant cette troupe amassée
De gens de bonne mine, et qui sont si bien nez,
De ces beaux resolus, de gens qui ont du nez,

De qui la belle humeur est la mesme franchise,
Et qui n'ignorent rien si ce n'est la sottise.
  Au diable l'un d'entr'eux qui soit sot ou caffart,
Qui soit traistre à son ventre, et ne boive sans art,
Qui n'aye veu son monde, et de qui le ramage
Ne monstre qu'autrefois il a esté en cage,
Qui sente son bourgeois, ou qui aille au devin
Pour sçavoir s'il sera quelque jour echevin.
Ce n'est pas de ce vent que s'enfle sa vessie,
Sa devise est : « Beuvons et qu'on ne se soucie. »
Il ne s'empesche point des affaires de cour,
Si le roy dans Paris fait battre le tambour;
Mais dire les bons mots, et puis vuider la coupe
Sur toutes les santez, c'est le soin de la troupe.
Les festins qu'elle fait sont si delicieux
Qu'on les peut comparer à ces banquets des dieux.
Laissons là les bons vins et la viande exquise,
Qui peuvent contenter l'humaine friandise,
Dont ils sont abondans; la musique de voix,
De luts, de violons, violes et haubois,
Y ravit les esprits en ses douches merveilles,
Parmy le cliquetis de flacons et bouteilles;
Mille chansons à boire; et, aprés tout, le bal,
Les dames, des plaisirs le seul esprit vital,
L'entretien, le ragoust, la sausse de la vie,
Qui rend ce marjolet plus maigre qu'une pie,
Plus réveur qu'un oison, plus sot qu'un estourneau,

Qui força Jupiter de se faire taureau,
Et, de dieu qu'il estoit, devenir une beste.
Dans la troupe dorée il est tous les jours feste,
Sans en excepter un, tous les jours mardy gras.
On n'y discourt jamais des champs qui sont ingras,
Ny de passer contracts pardevant les notaires,
D'autant qu'il est escrit : « A demain les affaires. »
« C'est à faire à niais, dit le Pere Boileau,
C'est à faire à balours et à gens delà l'eau
De parler de procés quand on est à la table ;
Il n'est, je veux mourir, chose moins agreable.
Sans me brouiller l'esprit j'ay vescu jusqu'icy,
De mon joyeux cerveau j'ay banni le soucy,
J'ay pensé que c'estoit une extreme folie
D'en faire le sejour de la melancholie.
Enfans, si me croyez, vous ferez comme moy ;
Mais il est tans de boire à la santé du roy :
C'est plus que de raison, puis qu'il est si bon prince ;
Aprés, du gouverneur de la noble province,
Qui nous fournit les blez et les vins en saison,
Les perdrix, les pleuviers et cette venaison. »
      Il n'a pas si tost dit que toute l'assistance,
Disposée au devoir, luy rend obeissance :
Et laquais de verser, et verres de trotter.
Messieurs les beuvereaux, allez vous y froter ;
L'un crie : « Donne moy, apporte, » l'autre boute :
« Veux tu qu'à mon honneur je face banqueroute ?

Et viste, mon amy, produis moy du clairet. »
C'est, à le faire court, à qui boira plus net
Et à qui fera voir qu'en ce brave exercice
Il est un vieux routier, et non pas un novice.
  Cecy ne sera pas au goust du citoyen
Qui en ses jugemens est pire qu'un payen ;
Sur ces jolys propos, sans adviser nos trongnes,
Il nous condamnera comme des francs yvrognes.
Il est si ignorant que c'est une pitié ;
Il se trompe tousjours plus de juste moitié,
Il n'est bon qu'à rouler dedans le mariage,
Jamais son petit sens ne sera hors de gage.
Ses advis, ses discours, sont tous desordonnez,
Et ne faut esperer qu'il s'affine le nez
Par la suite des ans ny par l'experience.
Qu'il nous appelle fous, nous prendrons patience ;
S'il nous met seulement au rang de Jean du Puis,
Nous en serons tenus au courail de son huis ;
Mais il ne se cognoist en gens comme en monnoye,
Il prend Marc pour Renard, c'est le pis que j'y voye.
Cette troupe est l'object de son entendement ;
C'est tout son entretien, c'est son vray aliment ;
Il en fait ses choux gras, il s'en leve, il s'en couche,
Moreau ou du Charmoy sont tousjours en sa bouche,
Ces mignons de vertu, ces esleus de satin,
Qui contre leurs statuts entendent le latin.
Tout le pays chartrain resonne la famille ;

Joly, parlant de nous, enfile son eguille ;
Maistre Pasquier nous suble, et Jean fait des leçons
Sur nos deportements à ses petits garçons ;
Il leur fait un grand plat des mœurs de ce viconte,
Et puis de compagnon qui embrouille son conte.
« Mes enfans, leur dit il, ne soyez des pervers,
Ne vous engagez pas au chemin des Robers,
J'entens du beau greffier, et de ces deux chanoines ;
Vous y consommeriez bien tost vos patrimoines :
Car en fait de debauche ils se sont tout permis,
Les autres avec eux se moquent des formis.
Ils font trop bonne chere et veulent estre braves,
Ils sont, en bonne foy, plus libertins qu'epaves. »
Barbe sur ce subject faict tourner son fuseau ;
Le theatre, les jeux, la table et le barreau,
Vous tiennent sur les rangs ; la noblesse polie
Dit que se voir ainsi c'est la meilleure vie,
Qu'elle passe en plaisirs celle des plus grands roys,
Quand elle nous a veus seulement une fois,
En cet esprit joyeux qui met tout par ecuelles,
Bref, que vos passetans luy sont febves nouvelles ;
Plustost qu'à ces tirez et à ces beaux suivans,
Qui seront pour jamais logez aux quatre vans,
Crayonnez par Botru sous le nom d'Onozandre,
Qui ne s'enyvreroient, fust ce avec Alexandre,
Qui pensent qu'il n'est point de plaisir hors la cour,
Et ne voudroient pour rien vivre ailleurs plus d'un jour.

Pourtant, si par hazard quelque bien on y gouste,
Il s'en faut trois deniers qu'il vaille ce qu'il couste,
Fardé, sophistiqué, difficile, imparfait,
Sucré en apparence, et amer en effect.
Or, les contentemens, dans les petites villes,
Sont, sans comparaison, plus purs et plus faciles.
On y vit, on s'y vest avec moins de cherté,
Moins de ceremonie et plus de liberté;
Le sejour est plus doux, à qui a l'ame saine,
Que celui de Paris arrouzé de la Seine.
Mais c'est mal resonné, car ce qui fait Paris,
Ma foy, ce ne sont pas les rats ny les souris,
Encor moins les maisons, ni les murs, ni la foule
De ces peuples divers, qui de tous lieux s'y roule,
Comme flots dans la mer; c'est le roy, c'est la cour,
Le magnifique abord des seigneurs d'alentour;
Ce sont les braves gens, tels que vous pouvez estre,
Qui n'ont pas tousjours veu le jour par la fenestre,
Qui chantent au leutrin, et, en nobles rieux,
Sçavent fort bien roter au nez des serieux,
Qui penseroient venir, pour trancher des severes
Et des reformateurs, damner le tans des peres;
Dire, pour se monstrer ennemis des François,
Qu'il ne se faut souler la vigile des Roys;
Ainsi que de propos en changeant de grimace,
Qu'on se doit retirer comme fait la limace;
Que le monde est subject à divers accidens,

Qu'eux ne rient jamais sinon du bout des dens;
Que tous ces debauchez qui vont à la taverne
Et y passent les nuits ont un pié dans l'Averne;
Ces delicats aussi qui font de gros banquets,
Et des friands repas sous le nom de bouquets,
Qui ne sont composez de nos fleurs de bien dire;
Mais, pour conclusion, mau de pipe les bire,
Ces pedans sans raison, ces cerveaux canonnez,
Ces sots impertinens, ces veaux engiponnez,
Pour n'avoir eu le fouët dedans l'Academie,
Dans ce bois où Platon, qui ne veut decevoir,
Enseignoit le moyen de rire et de se voir;
Et puis, en son festin avec Appollodore,
Socrate et Diotime, il nous l'enseigne encore.
Vrayement jamais ne fut que les meilleurs amis,
Pour nourrir l'amitié, la nape n'ayent mis;
Le bon Job la mettoit en la loy de nature;
Nous pouvons bien jouer sur cette tablature.
On se peut rejouir à la table, en tout lieu,
La vertu comme ailleurs y garde son milieu;
Elle y boit, elle y mange, elle y fait des merveilles,
En parlant elle paist l'ame par les oreilles.
Et qui donrait aux grands un si ferme embonpoint,
Sinon cette vertu qui emplit leur pourpoint?
Aussi voyons nous pas qu'ils font si bonne chere,
Et qu'ils passent leur tans, imitons les donc, PERE.
Mais, durant que boirons, advertissez Vanier

Qu'il ne se frotte pas le ventre d'un panier,
Et dites à Hezar que boire en conscience,
Droit, dru, pur, à longs traits, c'est la gaye science
Que prattiquoient jadis Achiles et Nestor,
Disciples de Bacchus, et tout le siecle d'or,
Qu'en tant que besoin est j'appelle en garantie.
Si quelqu'un m'en prioit, je tiendrois sa partie.

CLORIS

SATYRE XIV

Ne cognoissez vous pas Cloris aux beaus cheveus,
A qui tous nos amans adressent tant de vœus,
Tant d'escris, tant de cris, que le siecle revere
Comme on faisoit jadis la reyne de Cythere?
Si vous la cognoissez, Madame, en bonne foy,
Pour en faire un tel cas y a t'il tant de quoy?
Pour contraindre les cœurs à lui rendre l'hommage,
Est elle à vostre goust plus belle qu'une image?
Est ce un nouveau miracle, est ce un ange des cieux?
Les graces, les amours, logent ils dans ses yeux,
Dont les traits et les rais penetrent jusqu'à l'ame,
Et d'un homme de chair en facent un de flame?
Ses propos, ses façons, et ses dous mouvemens,
Sont ce des hameçons pour les entendemens?
Que cela soit ou non, pour le moins j'en proteste.
Cloris fait donc icy plus de mal que la peste,
Que ne font les soldats, les voleurs, les sergens,
Puisque du seul regard elle tuë les gens,

Met les esprits aux fers, à la gene, au suplice.
   Je pensois que cela ne fut rien qu'un caprice,
Et qu'on ne peut trouver une vraye Cloris.
Enfin Jeanne m'a dit qu'elle estoit à Paris,
Jeanne à qui les maisons des belles ne sont closes,
Et qui n'ignore pas où est le pot aux roses;
A qui Macette apprist les secrets de son art,
A porter le poulet, à vivre de hazart,
A faire la doucette, à confesser les filles,
A trente mille trous mettre autant de chevilles,
Durant que tout se fait à tirer le rideau,
Et les jeunes amans tenir le bec en l'eau,
Les repaistre tousjours de belles esperances,
A promettre le ciel à leurs perseverances;
Tandis que le soleil sur nostre orison luit,
Prendre les sots pour dupe, et leur vendre la nuict;
Dire fi des discours et de la bonne mine,
Chanter qu'argent contant apporte medecine,
Qu'elle craint ces mignons qui ne font que causer,
Et qu'elle aymeroit bien autant se reposer;
Que tout ce vain babil elle ne peut entendre,
Qu'elle est lasse d'ouir, qu'elle est pauvre d'attendre;
Crier qu'enfin des fins ce n'est pas la raison;
Qu'il faut vivre, et payer louage de maison,
Qu'il se faut habiller, qu'elle qui est cognuë,
Pour garder son credit, doit estre bien vestuë,
Or qu'il ne luy faut plus traffiquer en amour,

Hanter ny frequenter les beautez de la cour.
  Et que diroit Cloris, la voyant dechirée,
Qui ne sortit jamais qu'elle ne fut parée
De perles, diamans, d'affiquets si jolis,
De robes, de collets, qu'elle fait honte au lys,
Et au roy Salomon dans l'esclat de la gloire.
Imaginez qu'en vers je vous conte une histoire.
Nul ne peut l'approcher sans en estre touché,
C'est un soleil icy quand cet autre est couché.
Dés qu'un devot la voit, son ame est en haleine,
Son cœur dedans son corps bat comme une miteine,
Il tressaut, il tressuë, il fuit ses yeux guerriers,
Qui ont assujetti la fleur des chevaliers,
La perle des vaillans, l'honneur de la malice;
Il eut bien de la peine à boire le calice.
Lui qui estoit l'effroi des plus rudes combas,
N'ayant peu resister au miel de ses apas,
A ses charmans attraicts, ainsi que fit Anchise
Aux baizers de Venus, leur livra sa franchise;
Au lieu du point d'honneur dont il estoit jalous,
Et friand un peu plus que chattes de lait dous,
Il ne cherche à present que l'amour de la belle,
Et son souverain bien est de penser en elle,
En sa main, en sa jouë, en son sein, en son ris.
Il ne suit plus le Roy quand il sort de Paris;
Il ne dort plus la nuict, on ne le voit plus rire;
Demandez luy pourquoy, il ne le veut pas dire.

Il en fait son thresor, il en est affolé,
Sur ses perfections son esprit est collé.
Aussi l'homme serait ennemy de nature
Qui n'auroit de l'amour pour cette créature :
Elle adjouste à l'excés d'un embonpoint exquis,
D'une beauté sans art tout ce qui est requis.
Pour plaire, ce qu'on peut emprunter de l'usage ;
Elle sçait un secret à laver le visage,
Et, pour rendre son tain plus net que le soleil,
Son sourcil est couvert d'un nuage d'orgueil,
Qui retient en devoir les ames plus hautaines ;
Ses pas sont plus reglez que ceux des capitaines :
L'un ne passe pas l'autre ; elle sort rarement,
Et, si quelcun la voit, c'est je ne sçai comment.
Cognoissant ses beautez d'un chacun recherchées,
Pour n'en souler les yeux elle les tient cachées ;
Discrete, retenue en tous ses entreticns,
Elle ne veut jetter ce qui est saint aux chiens :
C'est où chacun pretend en l'amoureuse voye,
C'est le vœu de plusieurs et de bien peu la joye.
On adore ses fers, sa rigueur, ses mespris,
Les faveurs autre part ne sentent rien au pris ;
L'aymer tant seulement donne la renommée,
Les traits de ses beaux yeux sont plus forts qu'une armée ;
Tant d'hommes que l'on voit maigres et langoureux,
De couleur de saffran, sont tous ses amoureux ;
Il n'est point de beau feu que celuy qu'elle allume.

A force d'y penser, j'y brulerois ma plume.
   Si elle est chaste ou non, si elle preste ou vend
Ce plaisir qu'en amour la servitude attend,
Qu'on n'oze demander, et pour qui l'on soupire,
Jeanne, son petit cœur, ne me l'a voulu dire;
Je cognoi bien pourtant qu'elle sçait tout au net,
Puisque sans sonner mot elle entre au cabinet.
Entre autre occasion j'apprendray cet affaire :
Il est tans de parler, il est tans de se taire.
Ce seroit un grand cas qu'une telle beauté
En ce siecle brutal gardast là chasteté;
Où d'un manteau, d'un froc, d'une longue soutane,
Priape deguisé sollicite Diane.
Au peché de la chair l'homme est si fort coquin
Que Lucrece en nos jours trouveroit un Tarquin,
L'eguillon de Venus les puissances chatouille,
Et bref, si j'en suis creu, le monde est en quenoüille;
Les femmes de tout tans grenouillent à l'envers,
Par d'estranges ressorts gouvernent l'univers;
Pour elles on se voit, pour elles on converse;
A dire vray, l'amour est l'honneste commerce.
Tel mary est pompeux comme un roy de careau,
Qui de sa jeune espouze est le bon maquereau,
Et puis l'amy de cœur, cet homme de finance,
Pour ne rester ingrat, toute la race advance :
C'est cela qui a fait les meilleures maiso
   O Dieu! le grand plaisir d'entendre les raisons,

Et les puiser au fond de leurs sources plus vives !
Avec le vieux Thalés on fait amas d'olives,
On fait amas de blé, et d'avoine et de vin,
Et n'est pas de besoin d'en aller au devin
Quand nous avons perdu meubles et ustanciles.
Les lettres aux sçavans ne sont pas inutiles ;
S'ils veulent s'en servir, c'est l'outil qui les fait,
Celuy qui ne les a n'est qu'un homme imparfaict :
La femme toutefois n'en a pas tant à faire.
MADAME, c'est assez qu'elle sçache le faire,
Ou parler comme vous aveque jugement,
Honorer son mary, vivre modestement,
Et, pource que l'habit les qualitez decouvre
Et le sang et le rang, se parer pour le Louvre.
Si vostre naturel n'estoit au bien confit,
Vous ne tiendriez pas du pere qui vous fit.
Or, vous avez de luy plusieurs traicts de visage,
Dedans vostre action brille son grand courage.
Ce n'est icy le lieu de celebrer son lôs :
Il dort avec Pepin, ne troublons son repos.
Retournons à Cloris, que nous avons laissée,
Dont la beauté non veüe entretient ma pensée,
Voire a plus de pouvoir sur mes esprits charmez
Que la droite raison, que mille hommes armez,
Que n'en pourroit avoir la crainte du tonnerre ;
Et puis, considerant ce miracle sur terre,
Dont la grace ravit les ames par les yeux,

Je regarde aussitost sa source dans les cieux,
Où je di bien souvent ce propos à mon ange :
« Son corps comme le mien seroit il fait de fange? »
Je renverse, je tourne et vire mon cerveau,
Pour cognoistre combien son exemplaire est beau :
Car il faut rapporter à l'ouvrier ses ouvrages,
Et les aymer en luy, si nous estions bien sages;
Redresser nos desirs et nos vœux qui sont tors,
Croire sans varier que les pechez sont ors,
Qu'auprés de la vertu les voluptez sont viles,
Qu'il faut combattre icy comme ces vieux pugiles
Qui s'abstenoient de tout pour emporter le pris,
Eviter les objects dont on peut estre épris,
Sinon qu'on excusast, par une loi nouvelle,
Ces feux que Cupidon, estant en sentinelle,
Dans les yeux de Cloris fait naistre à tous momens,
Qui sans toucher au corps brulent l'entendement.

NOTES

Page 5, vers 2. *Vercoquin*, caprice, fantaisie. C'est le nom vulgaire donné à l'insecte qui se développe dans le cerveau du mouton et produit le tournis.

6, 8. Le texte donne *servir*, mais il faut *sevir*. On a imprimé ainsi par entraînement du mot *servir*, qui termine le vers précédent.

7, 7. *Quinquennelle* (terme de droit), répit de trois ou cinq ans (mais étymologiquement de cinq ans). Le répit d'un an s'appelait *annion*.

— 13. Nous avons laissé après *labeurs* le point qui se trouve dans le texte, bien qu'il nous semble que la phrase doive plutôt continuer.

— 21. On appelait autrefois *cruë* l'augmentation des tailles. C'était aussi, dans les inventaires, le cinquième denier au-dessus de la prisée, qu'on attribuait aux commissaires-priseurs.

8, 10. *Taillon*, taille supplémentaire, qui montait environ au tiers de la taille ordinaire.

11, 7. *Gyares*, synonyme de prisons. Gyare, dans la mer Égée, était une petite île déserte, voisine de Délos, et où les Romains reléguaient leurs criminels condamnés au bannissement.

12, 10, *Garbe*, air, mine. C'est ce mot qui est devenu *galbe*.

16, 17. Allusion à une aventure de Roger, dans *Roland furieux*, et dont Logistille est l'héroïne.

17, 7. *Vulgaire* doit bien être au singulier, non pas pour la rime, mais parce qu'il n'est pas adjectif, et veut dire ici *le vulgaire (vulgus)*.

P. 19, v. 13. *Raire*, raser (lat. *radere*).

23, 22. On donnait le nom de *Montjoye* aux monceaux de pierres sur lesquels on mettait des croix pour montrer le chemin aux pèlerins. Les tours qui étaient sur les grands chemins se nommaient aussi *tours de Montjoyes*.

28, 22. *Faire Giles*, s'enfuir. Le *Moyen de parvenir* nous dit que cette expression vient de ce que « saint Gilles s'enfuit de son pays et se cacha de peur d'estre fait roy ».

30, 1. *Crubler*, forme patoise de *cribler*.

31, 25. Nous avons ajouté ici le mot *grands* pour compléter le vers.

34, 12. *Quinaut*, qui est battu, qui n'a plus rien à dire.

35, 5. On écrivait bien alors *cercher* pour *chercher* (étymologie latine *circare*, faire le tour pour trouver).

37, 3. *Affaire* a été masculin.

— 23. *Bruict*, renommée.

38, 25. *Tourner la truye au foin*, changer de discours. — *Duit*, dressé ; participe de *duire* (lat. *ducere*). — On remarquera que ce vers manque d'une syllabe.

40, 14. *Meures*, mûres.

41, 11. Il manque ici un vers dans le texte.

42, 12. *Ponner*, même mot que pondre. — *Pondre sur ses œufs* se dit d'une personne qui a toutes ses aises.

45, 2. *Guilée*, giboulée.

— 22. La *lotte*, poisson de rivière très délicat, était alors fort estimée des gourmets. Les cuisiniers composaient des mets exquis soit avec ses œufs, soit avec sa laitance.

48, 16. *Travailler en veau*, ou *se faire relier en veau*, faire des livres, être auteur.

50, 2. *Landit*, ou *lendit*, honoraires que les écoliers payaient à leurs professeurs à l'époque du lendit.

54, 11. *Affulé*, affublé.

57, 4. *Mercadant*, marchand (lat. *mercator*).

59, 6. Le peuple appelait *Jean du coin* les petites figures de pierre contre lesquelles on éteignait les cierges dans les églises gothiques, et qui, suivant la tradition, avaient été destinées à cet usage injurieux en haine de la mémoire de Pierre de Cugnières, avocat de Philippe de Valois, qui, en 1329, l'avait chargé d'exposer, dans l'assemblée générale des prélats et des barons du royaume, les griefs des laïques contre le pouvoir ecclésiastique.

P. 61, v. 3. *Dire voire*, dire vrai, dire oui.

62, 6. On sait que *marguerites* veut dire ici *perles* (*margaritas ante porcos*).

63, 15. Allusion à cette expression proverbiale : « Il n'y a point de *fiat* chez ces gens-là », c'est à dire : on ne peut pas compter sur eux.

64, 17. Jean Belot, curé de Millemont ou Milmont, qui vivait à cette époque, avait fait un traité abrégé des sciences occultes, souvent réimprimé, et très populaire alors en raison de la qualité de son auteur.

65, 6. *Il souloit*, avait coutume (lat. *solere*).

66, 19. Ce *Donas* n'est autre que le Donat des écoliers, grammaire latine d'*Ælius Donatus*, grammairien du IVe siècle : *De Octo Partibus orationis*. Cette grammaire était la base de l'enseignement des écoles, et l'on croyait ne pouvoir rien apprendre sans elle dans les études classiques.

— 23. Thomas Cormier était un bon historien et un savant jurisconsulte, mort en 1600. Mais il s'agit plutôt ici d'un bateleur nommé Cormier, qui *tenait sa classe* sur le pont Neuf, comme Tabarin et son valet Mondor à la place Dauphine, et qui amusait son auditoire en parlant librement de toutes choses.

67, 27. *Rais*, rayons.

72, 21. *Fumées*, terme de chasse, veut dire ici fientes.

74, 21. *Garder la lune des loups*, prendre une peine inutile.

77, 11. *Humeur* a été masculin.

78, 22. *Lai*, largeur. S'écrit aujourd'hui *lé*.

81, 26. Le texte donne *pourveu à tant*, mais nous avons supprimé *à*, qui fausse le vers.

82, 9 et 12. *Dom Guichot* et *Dolcinée* sont bien imprimés ainsi.

85, 21. Pour que le vers soit juste, il faut que l'*é* de *Danaé* s'élide sur *ouvrit*.

P. 93, v. 1. *Si fait bien*, pour « ainsi fait bien »..

— 4. *Faire la figue*, se moquer.

96, 21. *Patinostre* est ainsi imprimé.

99, 7. Il manque un vers après celui-ci dans le texte.

100, 8. *Carmes*, vers (lat. *carmina*).

102, 19. *Apices* pour *Apicius*. Il y eut à Rome trois Apicius célèbres par leur passion pour la bonne chère ; l'un deux a composé le fameux traité *De Re culinaria*.

— 26. *Informez*, c'est-à-dire munis.

105, 2. *Morniffle* est le nom d'une espèce de jeu de cartes.

— 15. *Ocieux*, oisif, oiseux (lat. *otiosus*).

106, 10. *Morelle*, ou *marelle*, nom d'un jeu.

107, 5. Le *tu autem*, le point essentiel, le point difficile..

110, 19. *Gallefretier*, gueux, homme de rien. — *Incaguer* ou *incaquer*, défier.

— 20. *Manier*, terme de marine, diriger un bâtiment.

111, 10. *Styl* est imprimé ainsi.

113, 20. *Nai* est imprimé ainsi pour *né*.

114, 5. Des esprits *teints en graine* (sous-entendu : d'écarlate) sont, proverbialement, des esprits de qualité supérieure.

— 20. *Bonadies* (*bona dies*), bonjour.

115, 1. *Poule laitée*, homme sans vigueur.

— 12. *Penser* est imprimé ainsi.

— 13. *Carmes*, vers, comme à la page 100.

— 25. *Estriver*, contester.

116, 1. *Toussir*, pour *tousser*.

117, 13. *Demeurer chez Guillot le songeux*, expression qu'on rencontre dans Rabelais, et qui signifie rêvasser, se repaître de rêveries.

— 18. *Laisser le moutier où il est*, ne rien changer aux usages.

121, 2. *En housse*, à cheval.

122, 6. Cette île est l'Angleterre, où il n'y a pas de loups.

P. 127, v. 18. *Bourne*, pour *borne*.

— 24. *Nic* doit être le même mot que *niquet*, un rien, une bagatelle.

128, 16. Il manque un vers qui devrait rimer avec celui-ci.

— *Mercerie*, marchandise (lat. *merces*).

129, 19. *Grabeler*, expression rabelaisienne qui veut dire examiner, éplucher.

132, 16. *Fidelion*, ou plutôt *fidelium*, dernier mot d'une oraison qu'on accusait les curés de dire une seule fois pour plusieurs services payés séparément. Ce mot s'emploie pour dire qu'on fait les choses légèrement et en bloc.

— 26. *Patinostre*, pour *patenostre*, comme précédemment, page 96.

136, 17. *Se duire à la guerre*, s'y préparer, s'y exercer.

19. *Happelourde*, lourdaud bien qu'ayant quelque apparence. Ce mot, au propre, signifie faux diamant.

140, 13. *Recrubler*, forme patoise de *recribler*, repasser au crible.

— 19. Les *moynes bottez* étaient les moines mendiants qui quêtaient de maison en maison.

143, 14. *Né des lisieres*, c'est-à-dire des frontières, de la Normandie. En effet le Thimerais, patrie de Dulorens, confinait à la Normandie.

146, 18. *Déteur*, débiteur.

153, 19. *Seigneur de Bavieres* paraît être un jeu de mots signifiant un bavard, un indiscret plein de bave.

— 26. *Bussard*, ancienne mesure de capacité, représentant environ 268 litres.

162, 6. *Rebecquer*, résister.

167, 1. *Humeur andouillique*, expression rabelaisienne, doit s'entendre de l'esprit libertin et porté aux plaisirs de Vénus.

— 15. Le philosophe *à la cuisse dorée* est Pythagore, peut-être à cause de ses préceptes moraux connus sous le nom de *Vers dorés*.

168, 21. *Jean l'Escot* n'est autre que Jean Duns Scot, dit le Docteur subtil, savant théologien et philosophe scolastique qui professait à Paris à la fin du XIIIe siècle, et dont les doctrines étaient opposées à celles de saint Thomas.

P. 170, v. 9. *Bandolier,* brigand.

172, 20. Il manque ici un vers dans le texte.

173, 15. *Jeu de tirelaisse,* jeu qui consiste à attirer une chose à soi pour la laisser ensuite.

— *Feurre* (d'où est venu *fourrage*), paille. *Faire barbe de feurre,* tromper, donner de la paille pour du blé.

175, 16. Un *aterge* (*a tergo*) pourrait bien être celui qui prête son dos aux sodomites.

— 23. *Custodes,* rideaux.

176, 7. *Nic* doit être là pour *nid*, à cause de la rime.

— 24. *Pense* est imprimé ainsi. Voir page 115, vers 12.

177. *Mereau,* marque, médaille, jeton de présence.

180, 25. *Cassade,* mauvaise excuse, défaite, tromperie.

181, 11. *Jobelin,* petit jobard.

185, 9. *Miclot,* ou *miquelot,* pèlerin de Saint-Michel, gueusant sur les routes; au figuré, hypocrite, cafard. — Ce pourrait être aussi *mi-clos,* auquel conviendrait encore ce dernier sens.

— 17. *Rebras,* replis du vêtement sur le bras. *Fol à double rebras,* doublement fou.

— 27. *Marane,* ou *marrane,* mahométan. Se prenait en mauvaise part pour : traître, perfide. *Marrane* (esp. *marrano,* porc, et excommunié) était aussi le nom que les Espagnols donnaient aux Arabes et aux Juifs convertis.

188, 3. Nous avons imprimé *au diable,* quoique notre texte donne *o diable.*

— 21. *Douche,* forme patoise de *douce.*

— 26. *Marjolet,* damoiseau, muguet. Richelet lui donne le sens de *nobilitatis affectator.*

190, 12. *Hors de gage,* sans valeur, homme ou chose qui ne représente pas ce qu'on en peut attendre.

— 18. Le *courail* d'un huis doit s'entendre d'une porte qui court sur ses gonds.

191. *Subler,* siffler (lat. *sibilare*).

P. 193, v. 7. *Mau de pipe les bire,* juron gascon signifiant : que le mal de la futaille (l'ivrognerie) leur fasse tourner la tête. *bire* est pour *vire.*

— 9. Dans Rabelais, les *veaux engiponnez* sont des sots en robes de docteurs.

196, 27. Notre texte donne *o qu'il.* Mais nous avons imprimé *r qu'il. Or que* veut dire : maintenant que.

197, 11. On trouve aussi dans Rabelais, livre III : « Le cœur me bat dans le corps *comme une mitaine.* » Cette expression fait allusion à un vieil usage du Poitou selon lequel les gens invités à une noce se donnaient entre eux des coups de poing avec des mitaines qui atténuaient la portée des coups.

200, 19. *Los* (lat. *laus*), louange.

TABLE

Imp. Jouaust.

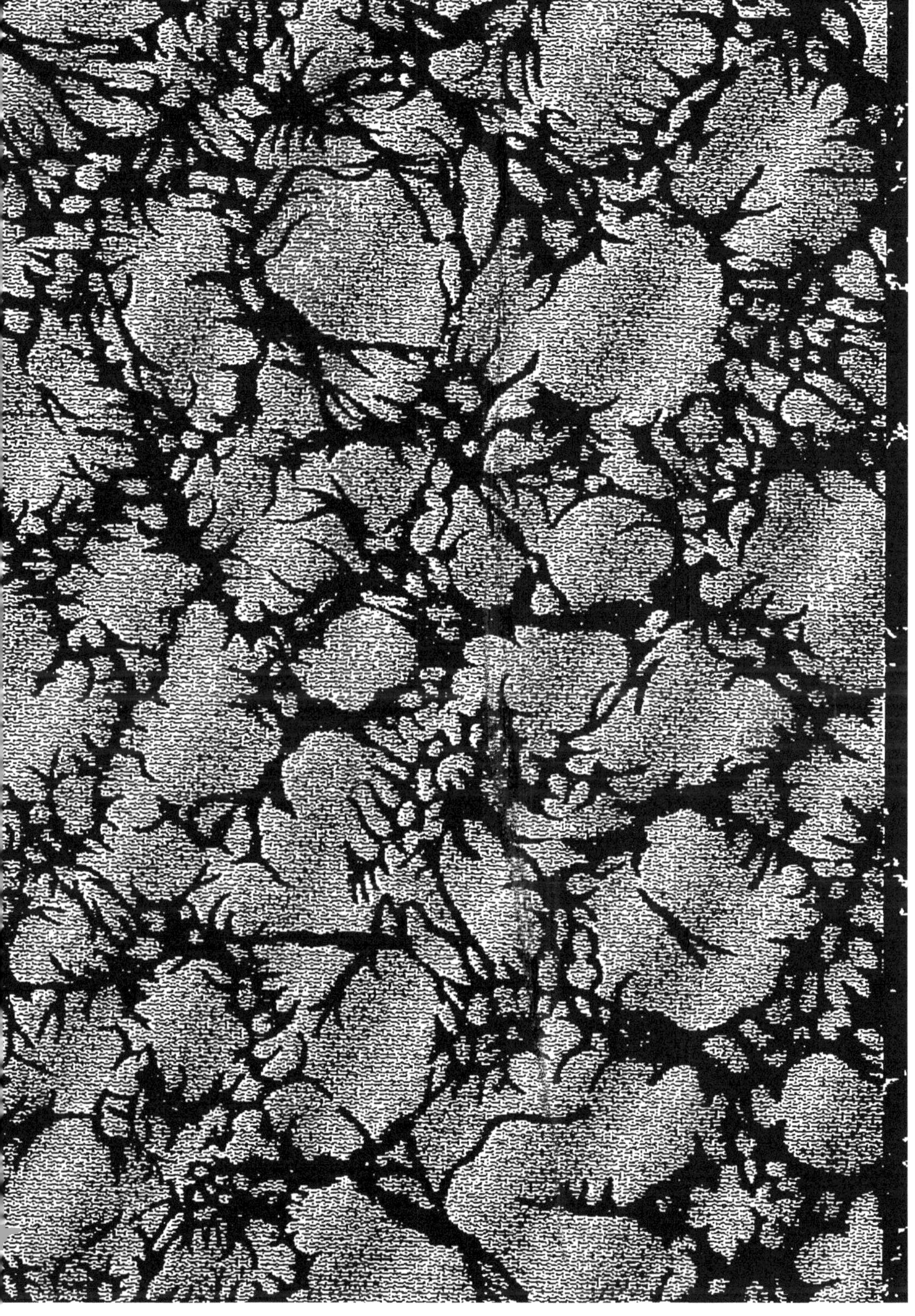